通用航空双重预防机制的构建与实施

郭湘川　杨　畅　编著

西南交通大学出版社
·成　都·

图书在版编目（CIP）数据

通用航空双重预防机制的构建与实施 / 郭湘川，杨畅编著. -- 成都：西南交通大学出版社, 2024. 11.
ISBN 978-7-5774-0126-3

Ⅰ. F560.69

中国国家版本馆 CIP 数据核字第 20241VJ471 号

Tongyong Hangkong Shuangchong Yufang Jizhi de Goujian yu Shishi

通用航空双重预防机制的构建与实施

郭湘川　杨　畅　编著

策 划 编 辑	何明飞　罗爱林　罗小红
责 任 编 辑	罗爱林
封 面 设 计	GT 工作室
出 版 发 行	西南交通大学出版社 （四川省成都市金牛区二环路北一段 111 号 西南交通大学创新大厦 21 楼）
营销部电话	028-87600564　028-87600533
邮 政 编 码	610031
网 址	http://www.xnjdcbs.com
印 刷	四川森林印务有限责任公司
成 品 尺 寸	170 mm×230 mm
印 张	14
字 数	214 千
版 次	2024 年 11 月第 1 版
印 次	2024 年 11 月第 1 次
书 号	ISBN 978-7-5774-0126-3
定 价	72.00 元

前　言

　　航空安全是国家安全的重要组成部分，是民航事业发展的根本保障。面对复杂多变的通航运行环境和日益增长的通航运行需求，我们必须深刻认识到，航空安全面临着严峻挑战和考验。习近平总书记强调："安全是民航业的生命线，任何时候任何环节都不能麻痹大意。民航主管部门和有关地方、企业要牢固树立以人民为中心的思想，正确处理安全与发展、安全与效益的关系，始终把安全作为头等大事来抓。"

　　民航双重预防工作机制是民航安全管理的重要组成部分，旨在通过风险分级管控和隐患排查治理，提升安全裕度，确保航空安全。这一机制的实施涉及多个方面，包括组织保障、系统建设应用、危险源库/隐患清单编制等。

　　本书编者中包括多位拥有丰富运行经验的一线工作者、安全管理人员等，专业涵盖飞行运行、机务维护、空管保障以及安全管理等，编者从自身的角度阐述对双重预防机制利弊、建设方法的理解与感悟。本书的编者来自中国民用航空飞行学院各运行管理、安全管理等部门。第一章由李明、宫献鑫共同编写。第二章第一节由饶弘编写，第二、三节由杨畅编写，第四节由郭湘川编写。第三章第一、二节由张航编写，第三、四节由孙粟编写。第四章由徐佳、杨畅共同编写。第五章由郑璐、潘俊、童瑶共同编写。第六章由杨畅、周跃飞共同编写。全书由郭湘川、杨畅统稿，在此对各位编者表示衷心感谢。

本书将国内外关于双重预防机制建设的相关规章和指南与中国民用航空飞行学院实际运行工作相结合，通过分析国内双重预防机制建设的现状与痛点，总结借鉴航司、通航在双重预防机制建设中取得的优秀成果，将建设工作与作风、党建融合，归纳梳理出学院在机制建设中取得的阶段性经验，希望对您有所启发和帮助，持续提升通航双重预防机制的建设能力与水平，维护民航的根本——航空安全。

通用航空双重预防机制的构建与实施编委会

2024 年 6 月 1 日

目 录

第一章

安全管理与双重预防工作机制概论

一、安全管理的起源与发展

（一）安全概述

1. 安全的定义及重要性

安全（Safety），顾名思义，"无危则安，无缺则全"，即安全意味着没有危险且尽善尽美，这是与人类传统的安全观念相吻合的。随着对安全问题研究的逐步深入，人类对安全的概念有了更深的认识，并从不同的角度进行了界定。

其一，安全是指客观事物的危险程度能够被人们普遍接受的状态。

可以看出，该定义明确指出了安全的相对性及安全与危险之间的辩证关系，即安全与危险不是互不相容的。当将系统的危险性降低到某种程度时，该系统便是安全的，而这种程度即为人们普遍接受的状态。如骑自行车的人不戴头盔并非没有头部受伤的危险，只是人们普遍接受了该危险发生的可能性不大；而对于骑摩托车，交通法规明确规定骑乘者必须戴头盔，是因为不戴头盔发生事故的严重性和可能性会让骑乘者难以接受；自行车赛车运动员必须戴头盔，也是国际自行车联合会在经历了一系列的事故及伤害之后所做出的决策。同样是骑车，要求却不一样，体现了安全与危险的相对性。

其二，安全是指没有引起死亡、伤害、职业病，或财产、设备的损坏或损失，或环境危害的条件。

该定义来自美国军用标准《系统安全大纲要求》（MIL-STD-882C）。该标准是美国军方与军品生产企业签订订购合同时约束企业保证产品全寿命周期安全性的纲领性文件，也是系统安全管理基本思想的典型代表。自 1964 年问世以来，历经 882、882A、882B、882C、882D 若干个版本，对安全的定义也从开始时仅关注人身伤害，到关注职业病，财产或设备的损坏、损失，直至环境危害，不但体现了人们对安全问题认识发展的全过程，而且从一个角度说明了人类对安全问题研究的不断扩展。

其三，安全是指不因人、机、媒介的相互作用而导致系统损失、人员伤害、任务受影响或造成时间的损失。

可以看出，第三种说法又进一步把安全的概念扩展到了任务受影响或时间损失等方面，这意味着系统即使没有遭受直接的损失，也可能是安全科学关注的范畴。综上所述，不难看出，随着人们认识的不断深入，安全的概念已不是传统的职业伤害或疾病，也并非仅仅存在于企业生产过程之中，安全科学关注的领域应涉及人类生产、生活、生存活动中的一切领域，而职业安全问题是安全科学研究关注的最主要的领域之一。如果仅仅局限于企业生产安全方面，会在某种程度上影响我们对安全问题的理解与认识。

安全问题对于人类的重要性是在社会的不断发展中被人们所认识的，它主要体现在以下三个方面。

一是经济损失大。事故是安全问题最主要的表现形式，无论是对于企业、家庭还是整个人类社会，事故所造成的经济损失都是相当巨大的，有些甚至是无法弥补的。据 ILO（International Labour Organization,国际劳工组织）统计，全球每年发生的各类事故大约为 2.5 亿起，这意味着每天发生大约 68.5 万起，每小时大约 2.9 万起，每分钟大约 475.6 起。全世界每年死于工伤事故和职业病危害的人数约为 110 万人（其中 25%为职业病引起的死亡），死于交通事故的约为 99 万人，死于暴力的约为 56.3 万人，死于局部战争的约为 50.2 万人。另外，同时有 1 500 万人受到失能伤害，有 35%的劳动者接触职业危害。据悉，各类事故导致的经济损失高达国民生产总值（GNP）的 5%，许多重大事故更是损失惊人。如 1993 年我国深圳清水河地区发生的化学危险品仓库特大火灾爆炸事故，死亡 15 人，直接经济损失超过 2 亿元人民币；1984 年美国联合碳化物公司在印度博帕尔发生的化学气体泄漏事故，几天之内就造成 4 000 人死亡，总计近 20 万人受到不同程度的伤害，直接经济损失近 10 亿美元。

二是社会影响大。不可否认的是，事故的发生会对社会造成不良影响，特别是重大、特大事故的发生，对家庭、企业，甚至对国家所造成的负面影响是相当大的。因事故的发生而造成的家庭破裂、企业解体等类悲剧数不胜数；事故的发生也曾使一些企业的信誉、经济效益等遭受损伤，有些甚至引起社会的不稳定，使国家在国际上的声誉下降。

三是影响周期长。俗话说，"一朝被蛇咬，十年怕井绳"。事故的发生所造成的影响绝非短期内就能消除，往往会在相关人员心头留下抹不去的烙印，让他们难以拂去心理上的阴影。重大、特大事故所造成的社会动荡更是久久难平，如克拉玛依友谊馆友谊宫的一场大火已过去 20 年，但受害者家属心中的悲痛依然难以平息。

此外，值得指出的是，事故的发生不仅对企业、社会造成损失和影响，还意味着企业管理水平不佳，意味着企业工作效率及经济效益没有达到最高水平。任何一个企业，无论大小，都存在一个管理系统，这个系统是由财务、人事、生产、采购、销售、安全等多个子系统构成的。绝大多数事故的发生都是管理者疏忽、失误或管理系统存在缺陷造成的，而这种失误、疏忽或缺陷的发生或存在则不仅会造成事故及损失，而且会产生其他问题，进而直接或间接影响企业的经济效益。从这个角度讲，事故是企业管理不佳的一种表现形式，即通过事故，警示企业中还存在管理上的缺陷。因而，控制事故，搞好安全管理，不仅可以通过减少事故损失直接提高企业的经济效益，而且可以通过提高管理水平间接提高企业的经济效益。在绝大多数情况下，后者比前者的影响和作用更大，更有意义。只有安全管理部门、企业管理者深刻认识到这一点，安全生产水平才有能有质的提高。

2. 职业安全健康、安全生产与劳动保护

职业安全健康（Occupational Safety and Health，OSH）是安全科学研究的主要领域之一，通常是指影响作业场所内员工、临时工、合同工、外来人员和其他人员安全与健康的条件及因素。美国、日本、英国等国家均采用这种说法并设有相应的管理机构和法规体系，如美国的职业安全健康管理局（OSHA）和职业安全健康法（OSH Act）等。而俄罗斯、德国、奥地利、南斯拉夫和我国等则将职业安全健康称为劳动保护（Labor

Protection），并将其定义为：为了保护劳动者在劳动、生产过程中的安全、健康，在改善劳动条件、预防工伤事故及职业病，实现劳逸结合和女职工、未成年人的特殊保护等方面所采取的各种组织措施和技术措施的总称。可以看出，上述两个定义的基本含义虽有所差异，但总体上基本一致，在各个国家实施时的工作内容也基本相同，因而可认为是同一概念的两种不同命名。安全生产是指在生产过程中消除或控制危险及有害因素，保障人身安全健康、设备完好无损及生产顺利进行。

在安全生产中，消除危害人身安全和健康的因素，保障员工安全、健康、舒适地工作，则为人身安全；消除损坏设备、产品等的危险因素，保证生产正常，则为设备安全。总之，安全生产就是使生产过程在符合安全要求的物质条件和工作秩序下进行，以防止人身伤亡和设备事故及各种危险的发生，从而保障劳动者的安全和健康，以促进劳动生产率的提高。

安全生产和劳动保护从概念上看有所不同，但在内容上又有交叉。前者是从企业的角度出发，强调在发展生产的同时必须保证企业员工的安全、健康和企业的财产不受损失；后者是站在政府的立场上，强调为劳动者提供人身安全与身心健康的保障，属于劳动者权益的范畴。两者也可统称为"职业安全健康"或"劳动安全卫生"。但从与国际接轨考虑和我国正在推行职业安全健康管理体系（OHSMS）的现状来看，"职业安全健康"一词可能更具代表性。

3. 安全、安全性与系统安全

安全一词在英语中主要对应两个单词，即 Safety 和 Security。前者是保护的意思，主要指职业安全、意外伤害、家庭安全等安全问题，即大多为安全科学工作者所关注的领域；后者是保卫的意思，主要涉及国家安全、刑事犯罪、防抢防盗等安全问题。虽然现在对这两个词有混用的现象，但总体上两者还是有明显区别的。

在此必须指出的是，Safety 一词在英语中还有一个含义，即安全性，是一个不同于"安全"的概念。安全性与可靠性、可维修性等一样，是系统所具备的一种性能。我们可以给出这样的定义：

其一，安全性是系统在可接受的最小事故损失条件下发挥其功能的一种品质。

其二，安全性是指"不发生事故的能力"。但无论怎样，我们都可以看出，安全与安全性的概念是有很大区别的，前者是系统的状态或条件，后者则是系统的一种性能。安全工作者最主要的任务，就是结合管理、技术等各种手段和措施，来提高系统的安全性，减少因事故造成的损失。

安全性是系统的重要品质之一，且与可靠性联系密切，在某些特定条件下两者有时是一致的。因而，常有人将两个概念相混淆，错误地认为"系统可靠，就一定安全"，无须专门对安全性进行分析，这显然是错误的。

系统的可靠性（Reliability）与安全性是两个不同的概念。可靠性通常是指系统在规定的条件下，在使用期间内实现规定性能的可能程度。可靠性是针对系统的功能而言的，可靠性技术的核心是失效分析；而安全性是针对系统损失而言的，安全性技术的核心是危险分析。危险与损失有关，而失效仅是某一项目的某些功能的丧失（或称非预期状态），可能不会造成损失。例如，室内裸露的电线，没有失效时是可靠的，仅存在着人触电的危险，是不安全的。所以失效不等于危险，可靠不等于安全，可靠性与安全性不能等同。当然，失效或故障有时也会造成损失，甚至导致系统发生灾难性的事故，如飞机在空中飞行时，发动机因故障停车就可能导致发生飞机坠毁的严重事故，这时失效或故障就成为危险了。也就是说，当故障或失效的发生会导致事故时，提高系统的可靠性会同时提高系统的安全性。所以，系统安全性与可靠性有着极其密切的关系，在进行系统安全性分析时，也需要应用可靠性的数据，某些安全性分析方法也源于可靠性分析。

而对于系统安全（System Safety），则有以下定义：

在系统寿命周期的所有阶段，以使用效能、时间和成本为约束条件，应用工程和管理的原理、准则和技术，使系统获得最佳的安全性。

从以上定义我们可以看出，系统安全是指为保证系统的全寿命周期的安全性所做的工作。这里主要强调三点：

其一，系统安全强调的是系统全寿命周期的安全性，而绝非仅仅是某个阶段的安全性。全寿命周期是指系统的设计、试验、生产、使用、维护直至报废各个阶段的总称。系统的设计者，应当在设计阶段就对系统寿命周期各阶段的危险风险进行全面的分析评价，并通过设计或管理手段保证系统总体风险的最小化，这也是系统安全管理最主要的目的所在。

其二，应当使系统在符合性能、时间及成本要求的条件下达到最佳安全水平而非一味追求安全，忽视经济效益，使安全与效益脱节。

其三，应使系统总体安全效果最佳，即令系统的总体危险风险最小化，而非仅仅消除系统局部的危险。

（二）安全科学

安全科学是有关事故与事故预防的交叉学科，其相关理论受到了工程学、自然科学、流行病学、社会学、心理学、人类学等多个学科的启发。作为一门社会科学，安全科学描述了社会如何理解和应对事故的可能性；作为一门心理学学科，安全科学研究在事故的潜伏期和事后期，人类作为个体、团队和组织的行为；作为人类健康的一门学科，安全科学描述了事故发生的趋势和规律；作为涉及多门自然科学的学科，安全科学描述了事故发生的物理过程；作为一门工程学科，安全科学试图确定降低事故可能性、后果的各种实践做法和其他干预措施，并就此提出建议。

1. 安全科学的产生与发展

16 世纪，西欧开始进入资本主义社会。至 18 世纪中叶，蒸汽机的发明使劳动生产率空前提高，但劳动者在自己创造的机器面前致病、致伤、致残、致死的事故与手工时期相比也显著增加。起初，资本所有者为了获得最高利润率，把保障工人安全、舒适和健康的一切措施视为浪费，甚至还把损害工人的生命和健康，压低工人的生存条件本身看成不变资本使用上的节约，以此作为提高利润的手段。后来由于劳动者的斗争和大生产的实际需要，西方各国先后颁布劳动安全方面的法律和改善劳动条件的有关规定。这样，资本所有者不得不拿出一定资金改善工人的劳动条件。同时需要一些工程技术人员、专家和学者研究生产过程中的不安全、不卫生问题。许多国家先后出现了防止生产事故和职业病的保险基金会等组织，并赞助建立了无利润的科研机构。如德国于 1863 年建立威斯特伐利亚采矿联合保险基金会，1887 年建立公用工程事故共同保险基金会和事故共同保险基金会等，1871 年建立了研究噪声与振动、防火与防爆、职业危害防护理论与组织等内容的科研机构；1890 年荷兰国防部支持建立了以研究爆炸预防技术与测量仪器，以及进行爆炸性鉴定的实验室。到 20 世纪初许多西方国家建立了与安全科学有关的组织和科研机构。据 1977 年的统计，德国建立了 36 个，英国建立了 44 个，美国建立了 31 个，法国建立了 46 个，荷兰建立了 13 个。从内容上看，有安全工程、卫生工程、人机工程、灾害预防处理、预防事故的经济学、职业病理论分析和科学防范等。美国的安全教育发展较快，到 20 世纪 70 年代末，一部分大学设立了卫生工程、安全工程、安全管理、毒物学、安全教育方面的硕士和博士学位。日本在研究安全方面虽起步较晚，但发展较快，它注重吸收世界各国的经验和教训，在安全工程学这一科学技术层面上进行了研究和发展。到 1970 年，日本大学增设了反应安全工程学、燃烧安全工程学、材料安全工程学和环境安全工程学等四个讲座课程，继而又在研究生院设置了硕士课程。至 1977 年，在日本大学中开设有关安全工程学讲座课程或学科的总计 48 个。如今，日本国内与安全工程有关的大学教育系和研究机构达到 76 个，杂志 36 种，学会和协会 33 个。由于坚持安全程学的研究和实践，日本近 20 年来生产事故频率、死亡人数逐年下降，居世界最低水平，安全工程学在日本日益受到人们的重视。由此可见，为了解决生产过程中劳动者的安全和健康，国外对安全科学的研究已有足够的深度和广度。这说明安全科学作为一门真正的交叉科学正日益受到越来越多人的重视。综上所述，安全科学的发展从理论上讲大体分为三个阶段：

第一阶段，经验型阶段（事后反馈决策型）。长期以来，人们认为安全仅仅以技术形式依附于生产，从属于生产，仅仅在事故发生后进行调查研究、统计分析和制定整改措施，以经验作为科学。此时，安全处于被动局面，人们对安全的理解与追求是自发的、模糊的。

第二阶段，事后预测型（预期控制型）。人们对安全有了新的认识，运用事件链分析、系统过程化、动态分析与控制等方法，达到防治事故的目的。总之，传统的安全技术建立在事故统计基础上，基本属于一种纯反应式的方式。安全科学缺乏理性，人们仅仅在各种产业的局部领域发展和应用不同的安全技术，对安全规律的认识停留在相互隔离、重复、分散和彼此缺乏内在联系的状态。

第三阶段，综合系统论（综合对策型）。认为事故是人、技术与环境的综合功能残缺所致，安全问题的研究应放在开放系统中，建立安全的科学性、系统性、动态性。从事故的本质防治事故，揭示各种安全机理并将其系统化、理论化，变成指导解决各种具体安全问题的科学依据。在这一阶段，安全科学不仅涉及人体科学和思维科学，而且涉及行为科学、自然科学、社会科学等所有大的科学门类。

2. 工业化时期的安全管理

当前安全管理实践方法的理论大多数都是在 20 世纪发展起来的，在那个时期里可以找到许多奇怪的安全思想起源。现代性的一个重要特征是对人类工程进步的广泛信仰。人们开始相信：利用闪电、预测行星运动、支持蒸汽机发明的科学实验与逻辑推理是同样的原理，可能会对贫穷、饥荒和战争等问题产生影响。事故被视作人的失误引起的问题，并且也是可以通过人的努力予以解决的。通过工程社会和立法的努力，人类被赋予了让世界更安全的能力和责任。

19 世纪有两个主要观点主导安全，这两个观点仍旧在影响如今我们看待安全的方式。

一个转变：可以对事故发生的原因进行科学的研究，以及对采取工程或组织方面的预防措施负有道德责任。

新机构的诞生：为制定和维护安全规则及实践做法而诞生了新的机构。其中某些机构直接代表政府的监管机构，其他某些机构代表雇主或工人的共同利益，还有某些机构将两者结合起来，如政府授权的私人保险计划。

这些变化共同创造了一种社会制度，在这种制度中，各国政府有权利并有责任制定或认可安全设计和操作规则，并且通过监督检查、颁发执照或实施处罚等来执行这些规则。他们还创造了一项个人权利，如果他/她不能在工作中免受伤害，那么至少能在发生伤害时得到赔偿和照顾。这项权利反过来又让雇主有义务为工人赔偿保险计划提供资金。

3. 安全与风险的初步认识

安全思想的历史可以通过考察重大事故或因大量较小事故引发"危机"

之后的社会、政治和智力活动的忙乱来绘制。从报纸文章、信件、官方报道和学术论文中,我们可以看到当时的人们是如何试图理解灾难性事件的。人们如何解释事故,决定了他们为防止未来事故的发生所采取的行动类型,人类无法控制的偶然事件,产生了对保险的需求;工程故障,需要工程解决方案。

在每个国家和每个行业,几乎每一次对安全法规或实践做法的修改,都可能与一次或多次事故有关。

为了给安全科学找到一个确切的开端,有必要人为地将历史划分出一个事故随机产生的时代,而非一个事故被视为可预防的时代。在现代,人们从广泛支持风险和事故是随机的这个观点,逐渐转变为工程故障的观点,这个观点在 19 世纪末期得到越来越多人的支持(格林,1997)。然而,从某种意义上说,这些观点一直都在互相争夺、来回拉锯,从一种观点占主导地位逐渐转移到另一种观点占主导地位。

例如,可以在古代文献中看到我们可能称之为现代思维的早期暗示。某些人将安全追溯到汉谟拉比法典(霍尔内格尔,2009;诺伊,2009),它是一套公元前 1754 年左右记录下来的 282 项巴比伦法律。这些法律中有 5 条涉及豆腐渣工程,承诺对那些被发现有过错的人进行严厉的惩罚。例如:建筑商为某人建造房屋,因房屋建造不当导致所建房屋倒塌,并导致房主死亡,那么该建筑商将被处死;如果导致房主的儿子死亡,那么该建筑商的儿子将被处死;如果导致房主的奴仆死亡,建筑商就要以奴仆换奴,赔付给房主。

4. 安全管理体系的建立和完善

随着工业革命的快速发展,工业时期的安全管理体系也逐渐发生变化。工厂主们开始逐渐认识到员工安全对生产效率和企业可持续发展的重要性。因此,安全管理逐渐成为工业企业的重要组成部分,安全管理体系也开始逐步建立和完善。

(1)法规和标准的制定。

随着安全意识的逐渐提高,许多国家开始制定相关的法规和标准,规范工业企业的安全管理行为。例如,英国于 1833 年颁布了《矿山法》,要求设立矿山巡检制度，保障矿工安全。随后，各国纷纷制定了工厂法、劳动法等相关法规，要求工业企业建立和落实安全管理制度，保障员工的劳动安全。

（2）安全设施和装备的改进。

为了提高工人的劳动安全和降低事故发生率，工业企业开始重视改进安全设施和装备。例如，在工厂生产线上安装紧急停车按钮、安全防护网等设备，以降低工人在生产工作中受伤的风险。同时，也逐渐引入一些新的安全设备，如安全带、防护眼镜等，以提高工人的安全防护水平。

（3）员工培训和安全意识提升。

工业企业开始意识到员工的安全意识和技能培训对安全管理的重要性。因此，他们开始开展安全教育培训，向员工传授安全知识、操作技能以及应急处理能力。培训员工如何正确使用安全装备、如何识别危险标志等内容，使员工在面对突发情况时能够及时做出正确的反应。

（4）安全管理体系的建立。

工业时期逐渐形成了一套完整的安全管理体系，包括事前预防、事中应急和事后追踪等多个环节。企业建立了安全管理部门，负责安全监督和管理工作。同时，开展定期的安全检查与评估，解决工作环境中存在的安全隐患，确保生产过程中的安全性。

（5）社会责任和企业形象。

随着社会对安全问题重视程度的提高，企业开始重视自身的社会责任和形象，将安全管理作为企业行为的重要组成部分。通过不断加强安全管理，企业提升了员工的安全感和生产效率，也在社会上树立了良好的企业形象。

综合来看，工业时期的安全管理体系经历了从未重视到重视的转变，通过法规和标准的制定、安全设施的改进、员工培训意识提升以及安全管理体系的建立等多方面的努力，确保了员工的劳动安全，减少了事故发生的概率。这一时期的安全管理体系为后续的安全管理发展奠定了基础，成为现代安全管理体系的重要组成部分。

5. 国外安全现状

国际劳工组织（ILO）第十五届世界职业安全健康大会公布：根据国际劳工组织估算，全世界每年发生在生产岗位的死亡人数超过100万人，并且在世界范围内，成百上千万的工人在有事故隐患和存在暴露于职业危害物质问题的工作场所中工作。

（1）工伤事故情况。

据国际劳工组织估计，全世界每年发生的工伤死亡人数为110万人，超过道路年均死亡人数（99.9万）、战争造成的死亡人数（50.2万）、暴力死亡人数（56.3万）和艾滋病死亡人数（31.2万）。在110万的工伤死亡人数中，有接近1/4是因暴露于有危险物质的工作场所引发的职业病而导致的，诸如癌症、心血管病、呼吸系统疾病和神经系统紊乱等。

国际劳工组织保守地估算，全世界每年有接近2.5亿名工人在生产过程中受到伤害，有1.6亿名工人患职业病。而死亡和患职业病的人数最多的当属发展中国家。发展中国家大量的工人被集聚在初级产品生产加工活动中，如农业、林业、渔业和采矿业，这些是世界上最危险的行业。全世界每天有3 000名工人在生产过程中丧生，每分钟死亡2人；仅仅受石棉危害，全世界每年有超过10万名工人丧生。近年来，中东和亚洲其他地区（除中国和印度外）的伤亡事故发生率暴涨了4倍，危险工作的选择使危险从10倍增加到了100倍。在发展中国家，建筑场所的危险程度要比工业化国家的危险程度高10倍还多。

在工业化国家工业结构的调整过程中，其严重的伤害事故在减少，然而，按照生产发展规律，也正在产生新的职业危害，其中包括肌肉疲劳酸痛的问题、精神心理压力问题、哮喘病、过敏性反应以及暴露在危险物质场所和致癌物质附加剂问题如石棉、放射性和化学物质等。

（2）巨大的经济损失。

现今，全世界因职业伤亡事故和职业病造成的经济损失迅速增加。国际劳工组织的专家强调："人的生命价值是无法用金钱衡量的。"赔偿金额的数据显示，工伤致残和患职业病丧失劳动能力造成的经济损失、职业病治疗花费的医药费和丧失劳动能力的抚恤费用的总和，现在已超过了全世界平均国内生产总值（GDP）的4%。职业伤亡事故和职业病所造成的经济损失，已超过了相当于整个非洲国家、阿拉伯国家和南亚国家国内生产总值（GDP）的总和；同时，也超过了工业发达国家向发展中国家的政府援助资金的总和。

另外,在发展中国家,由于工业化的迅速发展和人口快速向城市转移,经常出现一些不正常的险肇事故,企业聘用的工人缺乏工业化生产经验,加之没有提供适当的厂房和基础设施,常常影响新的工厂和工业设施的发展。

要完善基础设施建设,就要增加建设项目,而建筑业又是另一个较危险的行业。完善的基础设施虽然带来了很大的经济效益,但是也存在一些问题,如交通运输、噪声、精神压力、新产品制造以及一系列的化学品和人造材料等。对这些材料的错误使用或者不正确处理,都将产生很大的危险。在激烈的市场竞争下,资金投入的不足必然导致企业漠视和牺牲安全,以卫生和环境作为代价。比如,发展中国家一些工厂发生的,情况相似的涉及玩具和纺织品的多起火灾,就足以说明问题。

6. 我国安全科学的发展与趋势

（1）初步建立阶段。

新中国成立初期至20世纪70年代末期,国家把劳动保护作为一项基本措施,安全技术作为劳动保护的一部分而得到发展。这一阶段,为了满足我国工业发展的需要,国家成立了劳动部劳动保护研究所、卫生部劳动卫生研究所、冶金部安全技术研究所、煤炭部煤炭科学技术研究所等安全技术专业研究机构,开展了矿山安全技术、工业防尘技术、机电安全技术、安全检测技术、毒物危险控制技术等的研究工作。我国安全技术主要在两方面发展:一是作为劳动保护的一部分开展的劳动安全技术研究,包括机电安全、工业防毒、工业防尘和个体防护技术等;二是随着产业生产技术发展起来的产业安全技术,如矿业安全技术（包括防瓦斯突出、防瓦斯煤尘爆炸、顶板支护、爆破安全、防水工程、防火工程、提升运输安全、矿山救护及矿山安全设备与装置等）是随着采矿技术、装备水平的提高而提高的。冶金建筑、化工、军工、航空、航天、核工业、铁路、交通等产业安全技术都是紧密与生产技术相结合,并随着产业技术水平的提高而提高的。

（2）迅猛发展阶段。

20世纪70年代末至90年代初,随着改革开放和现代化建设的发展,我国安全科学技术得到迅猛发展。在此期间,建立了安全科学技术研究院、所、中心等 50 多家，拥有专业科技人员 5 000 余名。1983 年，中国劳动保护科学技术学会正式成立；1984 年，教育部将安全工程本科专业列入《高等学校工科专业目录》；20 世纪 80 年代中期，我国学者刘潜等提出了建立安全科学学科体系和安全科学技术体系结构的设想；1986 年，中国矿业大学首次被赋予安全技术及工程学科硕士博士学位授予权，使我国在安全科学领域形成了从本科到博士的完整的学位教育体系，标志着我国安全科学技术教育体系的形成。此外，在企业，数以万计的科技人员工作在安全生产第一线，从事安全科技与管理工作。可以说，已经形成了具有一定规模、水平的安全科技队伍和科学研究体系。

（3）新的发展阶段。

20 世纪 90 年代以来，我国安全生产科学技术研究有了突破性的发展。主要表现为：安全科学体系和专业教育体系基本形成，安全科学技术发展纳入国家科学技术发展的规划，安全科学技术研究机构形成网络，取得一大批科研成果。20 世纪 90 年代到 21 世纪初，已有数百项安全科技成果获得国家、省（市）和部门的奖励，煤层瓦斯流动理论矿井瓦斯突出预测预报、防静电危害技术研究、高效旋风除尘器等多项成果获得了国家级奖，并相继建立了国家级和省部级重点实验室，如爆炸灾害预防、控制国家重点实验室在北京理工大学建立，火灾科学国家重点实验室在中国科技大学建立，矿业安全工程部级重点实验室在中国矿业大学建立。产业安全技术正向新水平发展，传统产业如冶金、煤炭、化工、机电等都成立了自己的安全技术研究院（所）并开展产业安全技术研究，高科技产业如核能、航空航天、智能机器人等都随着产业技术的发展而发展。国家把安全科学技术发展的重点放在产业安全上，核安全、矿业安全、航空航天安全、冶金安全等产业安全的重点科技攻关项目已列入国家计划。特别是改革开放以来，伴随着产业成套设备和技术的引进，同时引进了国外先进的安全技术并加以消化，如冶金行业对宝钢安全技术的消化，核能产业对大亚湾核电站安全技术的引进与消化等，均取得显著成绩。

综合性的安全科学技术研究已有初步基础。一方面，为劳动保护服务的职业安全卫生工程技术继续发展；另一方面，更高层次的安全科学理论已初步形成。在系统安全工程、安全人机工程等软科学研究方面进行了开拓性的研究工作，对事故致因理论、伤亡事故模型的研究有了新的进展，安全检查表、事件树、事故树、管理疏忽和危险树等系统安全分析方法正在厂矿企业安全生产中推广应用，事故因果理论和伤亡事故追踪系统的应用，克服了片面追查操作人员责任的观点，树立了从产品和设备安全性能、管理失误和人为失误全面分析事故原因的新概念。在防止人为失误的同时，把安全技术的重点放在通过技术进步、技术改造，提高设备的可靠性，增设安全装置，建立防护系统方面。在研究改进机械设备、设施、环境条件的同时，研究预防事故的物质技术措施、防止人为失误的管理和教育措施。并且，随着企业管理的现代化，安全管理也逐步走上现代化，现代管理科学的预测、决策科学和行为科学以及系统原理、反馈原理、封闭原理、能级原理、人本原理、动力原理正逐步应用于现代安全管理。

如今，"科技兴安、人才强安、安全发展"的思想已经深入人心，安全本科教育与科技人才的培养得到了跨越式发展，同时国家也加大了安全技术与工程专业硕士、博士高尖专人才的培养力度。到目前为止，全国设置安全工程本科专业的高校有 127 所，其中具有硕士授予权的 46 所，具有博士授予权的 20 所，在校生 3 万余人，每年招收硕士生约 1 000 名，博士生280 名。其分布遍及煤矿、非煤矿山、化工、石油、建筑、地质、机械、兵器等行业。安全工程专业在国内已形成具有一定规模，包括学历教育（本科、硕士、博士、博士后）、继续教育（安全专业人员的短期培训）、职工安全教育和官员安全教育（任职资格安全教育和安全意识教育）的完整教学体系。

（4）安全科学的发展趋势。

几十年来，尽管我国安全科学的研究和应用技术取得了显著的进步，但仍存在许多不足之处。例如，安全科学的基础理论研究表现为分散状态，安全科学技术专家、医学家、心理学家、管理学家、行为学家、社会学家和工程技术专业人员等从各自的研究立场出发进行分散研究工作，在安全科学的研究对象、基本概念等方面缺乏一致性；工伤事故和职业危害还未得到有效控制；企业的安全管理体系还不够完善等。今后，安全科学的研究将在现有基础上进一步向宏观和微观两方面发展，向高度分化和高度综合方面发展，逐步形成安全科学理论体系，并在吸纳其他学科分析方法的同时，形成自己的方法体系。安全科学技术研究内容将继续深化和扩展，具体表现在：一方面，将继续发展和完善事故致因理论、事故控制理论、安全工程技术方法，并在更大程度上吸收其他学科的最新研究成果和方法；另一方面，随着生产和社会发展的需要，将会深入研究信息安全、生态安全等问题。安全管理基础理论与应用技术研究将以建立和完善市场经济条件下我国安全生产监察和管理体系为中心，形成完整的安全管理学、安全法学、安全经济学、安全人机工程学理论和方法。安全工程技术研究将以预防和控制工伤事故与职业危害为中心，一方面，产业安全技术将继续得以发展；另一方面，将会大力发展安全技术产业，以满足我国经济发展和人们生活水平大幅度提高的需要。

二、民航安全管理介绍

（一）民用航空运输系统概况

民航业是国民经济的重要基础产业，是综合交通运输体系的有机组成部分，其发达程度体现了国家的综合实力和现代化水平。20 世纪 50 年代以来，民用航空的服务范围不断扩大，已经成为国家的重要经济部门。

民用航空是指使用航空器从事除了国防、警察和海关等国家航空活动以外的航空活动。民用航空活动是航空活动的一部分，同时以"使用"航空器界定了它和航空制造业的界限，用"非军事性质"表明了它和军事航空等国家航空活动的不同。它的经营性表明这是一种商业活动，以营利为目的。它又是一种运输活动，这种航空活动是交通运输的一个组成部分，与铁路、公路、水路和管道运输共同组成了国家的交通运输系统。

民用航空一般分为商业航空和通用航空。商业航空又称航空运输，是指以航空器进行经营性的客货运输的航空活动，指收取报酬或租金定时运送乘客、货物或邮件的航空经营。通用航空运输指使用民用航空器从事公共航空运输以外的民用航空活动，包括从事工业、农业、林业、渔业和建筑业的作业飞行，以及医疗卫生、抢险救灾、气象探测等方面的飞行活动。

民用航空从组织体系上可分为四部分：政府部门、机场系统、空管系统、航空器使用部门。政府部门是指中国民用航空局、地区管理局、监管局及其派出机构。民航局代表政府制定民航业的各项法规,对民航各方面的工作进行总体规划管理,对驾驶员进行资格认证和考核,负责国际民航业的重大外事活动,监督处理重大航空安全事务等。

机场系统很庞大。机场是空中运输和地面交通的结合点,也是各类航空器在地面时的停放地点,除此之外它还起到国家和地区门户的作用;它需要配备很多项目的服务设施为飞机、旅客和货物提供安全服务。因此,机场的品质直接影响该地区的形象及经济活动。

空管系统主要涉及对航空器的空中活动进行管理和控制的业务,包括空中交通管制业务、航空情报和告警业务。它的任务是:防止航空器相撞,防止机场及其附近空域内的航空器同障碍物相撞,维护空中交通秩序,保障空中交通畅通,保证飞行安全和提高飞行效率。

航空器使用部门就是广大的航空器使用者,既有各个航空运输企业,也包括使用飞机进行通用飞行的单位和个人,以及为他们提供服务的其他行业,如航空油料、飞机维修、航空材料、航空配餐、客货代理、驾驶员及机务人员培训等。

(二)民航安全发展水平

航空运输是综合交通运输体系的重要组成部分,民航业的发达程度体现出一个国家的综合实力和现代化水平。大力发展民航业已成为世界上越来越多国家的共识,特别是发达国家一直把建立和保持空中领导地位作为发展国策。例如,美国的下一代航空运输系统(Next Generation Air Transportation, NextGen)和欧洲的单一天空计划(Single European Sky, SES),都在积极规划未来的航空运输体系,以保证其民用航空业的世界领先地位。

习近平总书记对民航安全的重要指示批示精神强调:安全是民航业的生命线,坚持"安全第一",要始终把安全作为头等大事来抓,坚决守住民航安全底线。良好的安全记录是民航强国建设和发展的重要条件和基础。安全水平高,将会促进我国由民航大国向民航强国迈进,同时民航强国战略实施过程中的安全投入又必然会提高民航安全水平；反之，如果民航安全水平低，则会制约民航强国战略的实施，所以安全是我国民航业发展的首要前提和根本保证。

1. 民航安全水平持续提高

改革开放以来，我国民航业发展迅速，在国家经济建设中发挥着越来越重要的作用。1978 年中国全国运输总量中民航仅占 1.6%，2009 年增长到 13.6%，到 2015 年增长到 24.2%，并且当发生自然灾害等重大事件时，民航在国家应急救援体系中显示出独特的优势，发挥了重大作用；国际上，1978 年世界航空运输周转量，中国民航排名第 37 位，2005 年跃居世界第二，并保持持续快速增长。中国民航坚持"安全第一、预防为主、综合治理"的方针，不断创新安全管理理念，加强安全规章标准建设，强化落实安全生产责任制，并加大安全投入，使在民航运输量不断增长、民航行业不断改革的情况下，我国民航安全水平依然不断提升改善。

在民航运输总量持续快速增长的同时，民航运输飞行事故率总体却呈现下降的趋势。我国民航在"十一五"期间的 5 年内，全行业累计完成运输飞行 2 037 万小时，民航运输航空百万飞行小时重大事故率从 13.08 下降为 0.05；且 2005—2009 年连续 5 年全行业未发生重大以上运输飞行事故。至 2010 年 8 月 24 日伊春事故起，截至 2021 年 10 月 20 日，中国民航运输航空已安全运行 4 075 天；截至 2021 年 9 月 30 日，创下了 9 673 万飞行小时的持续安全纪录。"十二五""十三五"期间没有发生重大运输飞行事故，民航运输航空百万飞行小时重大事故率为 0。经过中国民航人 30 多年的努力，中国由 20 世纪 80 年代初期的航空事故高发国家，变为目前民航安全最好的国家之一。

2. 民航安全保障措施不断完善

良好的安全记录是中国民航人的工作成果，是先进的技术和安全管理的体现。数十年来，中国民航积极探索，不断学习和吸收国际先进的理念、方法和技术，同时改进和提高安全管理水平，走出了一条具有中国特色的民航安全发展道路。

1）创新安全管理理念

中国民航行业安全管理理念的不断创新，从行业发展早期提出的"飞飞整整""八该一反对""四严一保证"，到"关口前移""事前管理"等；经历了摸索管理、经验管理和规章管理三个阶段。民航系统在长期的安全生产实践中积累了丰富的安全管理经验，为全行业更好地落实安全管理、提高安全运营水平创造了有利条件。

2008 年年初，中国民航创造性地提出了持续安全的理念。持续安全理念由理念体系、队伍体系、法规体系和责任体系"四个体系"构成，系统地指导全行业工作。

随着科技的进步与发展，在高科技、大系统的航空领域，事后的、被动的安全管理模式已逐渐被以事前的、主动的安全管理为主的事前、事中和事后综合安全管理方式所取代，其中具有代表性的标志就是国际民航组织（ICAO）积极推进的安全管理体系（SMS）在航空运行企业（航空公司、机场、空管、维修单位等）的具体实施和应用。SMS 从系统安全的角度出发，在规章符合性管理的基础上，将安全政策、机构建设、安全文化、安全管理程序和内部的监督审核结合起来，通过以数据、信息的收集分析为基础，对运行过程中的风险进行监测、评价和控制，从而实现从事后到事前、从开环到闭环、从个人到系统、从局部到全局的安全管理，预防事故的发生。中国民航从 2006 年开始开展 SMS 建设，并以法规的形式强制航空运输企业、运输机场、空管单位实施。到目前已经在航空公司、机场、空管、维修单位等民航业务单位广泛实施，并取得很好的效果。

2）改进安全运行技术与设施

中国民航加强基础设施建设，完善机队结构，逐步引进了世界最先进的机型，淘汰了老旧飞机，降低了机队平均年龄，大大提高了中国航空的运输能力和运输质量，促使中国民航的运行安全水平稳步提升。随着中国民航机队规模的快速扩大，中国民航积极采用现代化的科技手段提高航空安全的保障能力。在所有运输飞机上加装了防撞系统（TCAS）和增强型近地警告系统（EGPWS）；积极采用 RNP 和区域导航等新技术，提高机场安全保证能力和飞机在高原机场复杂条件下的起降能力；在全行业大力推进飞行运行品质监控工作。目前，中国民航对飞行品质的监控率已经超过了 90%，超过发达国家的监控水平。不断更新配置机场保障、通信导航等设施设备，加快雷达管制的全面实施，提高了空域安全保障能力。

3）完善规章标准体系

伴随着中国民航事业的迅猛发展，规章标准体系的建设取得长足发展。中国民航于 1996 年实施《中华人民共和国民用航空法》（简称《民用航空法》），它是我国民用航空的基本法律制度，是制定其他民航法律法规的基本依据。随后相继颁布了《中华人民共和国飞行基本规则》《民用航空器适航管理条例》《民用机场管理条例》等行政法规和法规性文件，以及大量的民航部门规章。同时，民航局逐步加快有关安全方面的立法工作，制定和修订涉及安全管理方面的行政法规、行业安全规章，大量的安全管理文件和程序，到"十二五"初形成了 1 部法律、27 部行政法规和法规性文件及 118 部民航规章组成的比较完善的民航法律、法规和规章体系。

4）建立安全监管体制

2005 年，我国民航在实施了新一轮的体制改革之后，建立了"两级政府，三级监管"的行业安全管理格局，针对民航安全生产的新形势、新问题和新特点，民航局依据《中华人民共和国安全生产法》（简称《安全生产法》）和《民用航空法》中相关规定，严格落实安全生产责任制。民航局提出：民航企业作为安全生产的责任主体，其法定代表人必须切实履行安全生产第一责任人的职责；民航地区管理局作为本地区安全生产的监管主体，其主要负责人必须履行安全生产监管工作第一责任人的职责。2021 年新版《中华人民共和国安全法》（简称《安全法》）第三条明确提出：安全生产工作实行管行业必须管安全、管业务必须管安全、管生产经营必须管安全，强化和落实生产经营单位主体责任与政府监管责任，建立生产经营单位负责、职工参与、政府监管、行业自律和社会监督的机制。中国民航大力推进依法行政，加大安全监管力度促进了企事业单位的安全发展。

（三）民航安全规章

1. 国际民用航空公约

国际民航组织（ICAO）是联合国的一个专门机构，是 1944 年为促进全世界民用航空安全、有序和正常发展而成立的。国际民航组织总部设在加拿大蒙特利尔，负责制定国际空运标准和条例，是 191 个缔约国在民航领域中开展合作的媒介。

我国于 1944 年签署了《国际民用航空公约》，并于 1946 年正式成为会员国。1974 年，我国承认《国际民用航空公约》，并参加国际民航组织的活动，同年我国当选为二类理事国。2004 年，在国际民航组织的第 35 届大会上，我国当选为一类理事国。

国际民航组织按照《芝加哥公约》的授权，发展国际航行的原则和技术。近 20 年，各种新技术飞速发展，全球经济环境也发生了巨大变化，对国际民用航空的航行和运输管理制度形成了前所未有的挑战。为了加强工作效率和针对性，继续保持对国际民用航空的主导地位。国际民航组织制订了战略工作计划，重新确定了工作重点，于 1997 年 2 月由其理事会批准实施。国际民用航空组织的主要工作有以下几项：

（1）法规。修订现行国际民航法规条款并制定新的法律文书。

（2）航行。制定并刷新关于航行的国际技术标准和建议措施是国际民航组织最主要的工作，《芝加哥公约》的 18 个附件有 17 个都是涉及航行技术的。

（3）安全监察。国际民航组织从 20 世纪 90 年代初开始实施安全监察规划，主要内容为各国在志愿的基础上接受国际民航组织对其航空当局安全规章的完善程度以及航空公司的运行安全水平进行评估。这一规划已在第 32 届大会上发展成为强制性的"航空安全审计计划"（Safety Audit Program），要求所有的缔约国必须接受国际民航组织的安全评估。

（4）制止非法干扰。制止非法干扰即我国通称的安全保卫或空防安全。这项工作的重点为敦促各缔约国按照附件 17"安全保卫"规定的标准和建议措施，特别加强机场的安全保卫工作，同时大力开展国际民航组织的安全保卫培训规划。

（5）实施新航行系统。新航行系统即"国际民航组织通信、导航、监视和空中交通管制系统"，是集计算机网络技术、卫星导航和通信技术以及高速数字数据通信技术于一体的革命性导航系统，将替换现行的陆基导航系统，大大提高航行效率。20 世纪 80 年代末期，由国际组织提出概念，90 年代初完成全球规划，现已进入过渡实施阶段。这种新系统要达到全球普遍适用的程度，尚有许多非技术问题要解决。

（6）航空运输服务管理制度。国际民航组织在这方面的职责为，研究全球经济大环境变化对航空运输管理制度的影响，为各国提供分析报告和建议，为航空运输中的某些业务制定规范。

（7）培训。国际民航组织向各国和各地区的民航训练学院提供援助，使其能向各国人员提供民航各专业领域的在职培训和国外训练。

2. 我国民航法规体系

为确保民用航空安全,我国已形成并正在建设和完善以《民用航空法》为根本、民航行政法规为枝干、民航部门规章为基础的现代化民航法规体系。中国民航法律法规的表现形式按其立法主体和效力不同，可分为民用航空法律、民航行政法规、民航部门规章等规范性文件。而行政法规和部门规章都是对民航法律的必要补充或具体化，具体框架如图 1-1 所示。

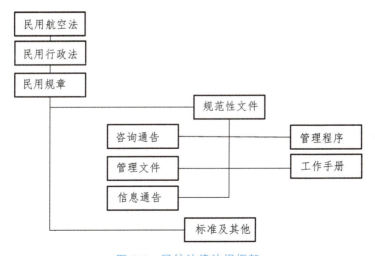

图 1-1　民航法律法规框架

《民用航空法》是我国民航最主要的法律，于 1996 年开始施行，它规定了我国民用航空的基本法律制度，是制定其他民航法律法规的基本依据。行政法规和行政法规性文件是指国务院根据宪法和法律制定或批准的规范民用航空活动的规定，现行有效的民航行政法规和行政法规性文件共有 27 个，如《中华人民共和国飞行基本规则》《中华人民共和国民用航空器适航管理条例》《中华人民共和国民用航空安全保卫条例》《民航机场管理条例》等。

民航部门规章是指国务院民用航空主管部门根据法律和国务院的行政法规、决定、命令，在本部门的权限范围内制定发布的规定。它在民航法规体系中内容最广、数量最多，涉及民用航空的方方面面，是民航主管部门实施行业管理的重要依据。国际条约尽管并非国内法，但我国缔约或者参加的民航国际条约对于我国的民用航空活动仍有约束力，如《国际民用航空公约》。民航部门规章共分为五篇，分别为行政程序规则、航空器、航空人员、空中交通规则与一般规则、导航设备以及民航企业合格审定五大方面，对民航的运行及安全进行了规定。

民航规范性文件主要包括管理程序（AP）、咨询通告（AC）、管理文件（MD）、工作手册（VM）和信息通告（IB）五大类。

（四）民航安全的相关概念

1. 安全思维的演变

对于安全，通常的看法是安全即无事故，安全即无危险。但是随着人们认识的提高，对于安全的看法已经发生了转变。

17 世纪之前，人类的安全哲学思想具有宿命论和被动承受的特征，这是由古代安全文化决定的；安全文化源于生产力和科学技术发展水平，较低水平的生产力和科学技术不可能孕育高层次的安全文化。17 世纪末至 20 世纪初，由于生产力和技术的发展，人类的安全文化提高到了经验论水平，对待事故有了"亡羊补牢"——事后弥补的特征。20 世纪初至 50 年代，随着工业社会的发展和技术的不断进步，人类的安全认识论进入了系统论阶段和近代的安全哲学阶段，在方法论上推行安全生产与安全生活的综合性对策。20世纪50年代以来，科学技术迅猛发展，人类的安全认识论进入了本质论阶段，超前预防型的安全管理是这一阶段的主要特征。同时，随着高科技领域的层出不穷，安全的认识论和方法论也在推动传统产业和技术领域安全手段的进步，并极大地丰富了人类的安全哲学思想，推进现代工业社会安全科学技术的发展。由此，以本质论与预防型为主要理论内涵的现代安全科学原理孕育而生。人类安全思维的演变进程如图1-2所示。

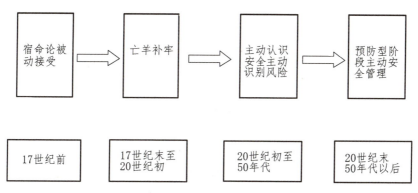

图 1-2 人类安全思维的演变进程

2. 安全的概念

根据看问题的角度不同，人们对航空安全的概念有不同的理解，比如：

（1）安全即无事故。这是大众普遍的看法。

（2）没有危险存在，即没有可能导致危险发生的因素存在。

（3）员工遵守规章，避免差错，即认为是安全的。

不管这些含义如何，它们都有一个共同点：就是绝对要控制危险发生的可能性。也就是说，要通过一些管理和干预手段，完全消除事故或者事故征候的发生，并且实现绝对的控制。但是，我们生活和工作的环境是开放的、动态的，它每时每刻都在变化，我们不可能完全控制它。也就是说，我们不可能把所有的不安全因素都去除掉，所以完全消除事故和事故征候的发生是不可能的。由此可见，安全不是一个绝对的概念，是一个包括若干相对情况而非绝对情况的概念。

国际民航组织对安全的定义是："安全是一种状态，即通过持续的危险识别和风险管理过程，将人员伤害或财产损失的风险降低至并保持在可接受的水平或以下。"

这个定义包含三层含义：第一，安全是相对的，不是绝对的。第二，安全风险是可控的，通过人的主观努力，事故是可以预防的。第三，要以实事求是的态度对待安全事故，没有事故不等于没有问题，要具体问题具体分析，要看事故的发生是不是在可接受的范围内。

3. 危险的概念

危险的整体概念可分为两个构成部分：危险本身以及危险的后果。

危险被界定为可能导致人员受伤、设备或者结构物被毁、材料损失，或者使执行指定功能的能力降低的一种情况或者一物体。危险单独或本身并不是"坏事"。危险不一定是一个系统的坏性或者负面的构成要素。只有在危险与以提供服务为目的的系统运行相互作用时，其坏潜力才可能变成一个安全问题。

例如，将风视为自然环境的一个正常构成要素。风是一种危险；它是一种可能导致人受伤、设备或者结构物被毁、材料损失的一种情况。十五级的风，其本身并不一定在航空运行期间带来破坏。实际上，十五级的风如果直接沿着跑道刮，有助于在离场期间提升航空器的性能。但是，如果十五级风的风向与预订起降跑道呈90°，则变成了侧风，此时风才成为一个安全问题（横向跑道偏离，因为驾驶员可能因为侧风而不能控制飞机）。这个例子说明了我们不应总是将危险视为"坏事"或者具有负面含义的事情。危险是运行环境的组成部分，其后果可以通过控制危险破坏性潜力的各种缓解措施加以解决。

后果被界定为某一次危险的潜在后果（一个或者多个）。危险的破坏性潜力通过一种或者多种后果显现出来。在上述侧风例子中，"侧风"这种危险的其中一种后果可能是"失去横向控制"。其他更为严重的后果可能为"横向跑道偏离"。而最为严重的后果则可能是"损坏起落架"。因此在危险分析中，对危险的各种可能后果而非仅仅对最为明显或者眼前的后果进行描述是重要的。

下面进一步举例说明危险和后果之间的差别。一个运行机场的标识处于失修状态，使机场用户无论是航空器还是地面车辆，在执行地面航行任务时的情况更为复杂。在此情形下，可以将此危险正确地命名为"机场标识不清"。这一危险的其中一个后果可能是"跑道侵入"，但是可能还会有其他后果：地面车辆驶入限制区、航空器滑行进入错误的滑行道、航空器相撞、地面车辆相撞、航空器和地面车辆相撞等。因此，将此危险命名为"跑道侵入"而非"机场标识不清"就掩盖了危险的本质，并且影响识别其他重要的后果。这就有可能导致缓解措施的片面性或者不完整性。

4. 事故的概念

事故，是指人们不期望发生的，或与人们愿望不一致的意外事件。

在民航业内，事故可以分为四类：运输航空飞行事故、通用航空飞行事故、航空地面事故和民用航空事故征候。

飞行事故是指民用航空器在运行过程中发生人员伤亡，航空器损坏的事件。它可以分为三个等级：特别重大飞行事故、重大飞行事故、一般飞行事故。

航空地面事故是指在机场活动区内发生航空器、车辆、设备、设施损坏，造成直接损失人民币 30 万元（含）以上或导致人员重伤、死亡的事件。它也可分为三个等级：特别重大航空地面事故、重大航空地面事故、一般航空地面事故。

民用航空事故征候是指航空器飞行实施过程中发生的未构成飞行事故或航空地面事故，但与航空器运行有关，影响或可能影响飞行安全的事件。

三、民航安全风险管理体系的建立

（一）安全管理的哲学内涵

人类历史的进程，包含着人类安全哲学——人类安全生产的认识论和方法论的发展及进步。习近平总书记曾提出"各级党委和政府特别是领导干部要牢固树立安全生产的观念，正确处理安全和发展的关系，坚持发展决不能以牺牲安全为代价这条红线。经济社会发展的每一个项目、每一个环节都要以安全为前提，不能有丝毫疏漏"的论述，包含着安全认识论和方法论的深刻的哲学原理。

（二）民航安全管理的发展历程

安全是民航永恒的主题，民航安全管理的认识先后经历了技术因素、人为因素和组织因素三个发展阶段。

可以将航空早期阶段，即第二次世界大战前后至 20 世纪 70 年代这段时间定性为"技术时代"，当时安全问题大部分与技术因素相关。航空当时正在作为一种公共交通业兴起，而保障其运行的技术并未得到充分发展，技术故障是反复出现安全事故的因素。安全努力的侧重点放在了技术因素的改进上。

20 世纪 70 年代经历了重大技术进步，开始使用喷气式发动机、雷达（机载和地基）、自驾驶仪、飞行指引仪，完善了导航与通信能力及类似的性能提升技术。这预示着"人的时代"的到来，并且随着机组资源管理（CRM）、航线飞行训练（LOFT）、以人为中心的自动化和其他人的行为能力干预的出现，安全努力的侧重点转移到了人的行为能力和人的因素上。对航空业进行大量投资，将难以捉摸且无处不在的人的差错置于控制之下，20 世纪 70 年代中期至 90 年代中期被称为航空人的因素的"黄金时代"。但是，尽管可以通过大量投入资源来减少差错，但是人的行为能力仍继续被认定为反复出现导致安全事故的因素。民航安全管理的具体发展历程如图 1-3 所示。

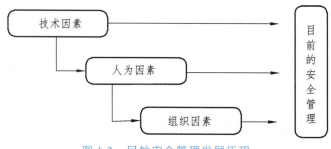

图 1-3　民航安全管理发展历程

在"黄金时代"的大部分时间里，人的因素方面的努力倾向着眼于个人，而很少注意个人完成其使命所处的运行环境。直到20世纪90年代初，才首次承认个人并不是在真空中，而是在一个限定的运行环境中作业。尽管之前可以获取科学文献，了解运行环境特征能够影响人的行为能力与造成事件的结果。但是直到20世纪90年代，航空业才承认这个事实。这标志着"组织时代"的开始，即开始从系统化的视角审视安全，从而涵盖组织因素、人的因素和技术因素。也正是在那个时候，航空业接受了组织事故这一观念。

（三）民航安全管理理念

民航安全管理理念必须遵循总体国家安全观，把民航安全和总体国家安全观有效融合，用全面、联系、发展的辩证思维去思考和谋划，始终把安全作为前置条件，贯穿于各个环节，切实把发展建立在安全得到有效保障的基础之上。

用全面的眼光看，把握好"片面和全面"的关系，实现微观思维向宏观思维的转变。标本兼治的本质告诉我们，查处问题和防止问题两方面工作必须同时进行，既要解决问题的表象，又要从根本上杜绝问题的产生。如果我们的思想仍囿于自我的小圈子里，就任务抓任务，就管理抓管理，避实就虚，采用这种头痛医头、脚痛医脚的办法，只能被具体事物牵着走，难以实现标本兼治。因此，我们要运用系统的思维方法，坚持国家利益至上，全面统筹民航安全，把思考维度与总体国家安全观有机地结合起来，目不转睛盯着本，要抓纲带目、纲举目张，从目标到过程，从内容到形式，从根本到表象，实现从微观到宏观的总体把控。

用联系的眼光看，把握好"表象和抽象"的关系，实现形象思维向抽象思维的转变。民航安全工作错综复杂、千头万绪，呈现多系统、多层次、多环节的特点，落实总体国家安全观必须排除直观意识的干扰，寻求建立在形象思维基础上的抽象思维方法，见微知著、一叶知秋，从复杂的现象中抽象出事物变化的原因和发展的规律。也就是说，要善于从影响安全的众多因素或者危险源中，摸索规律，把握特点，精准实施安全风险分级管控和隐患排查治理。这样，一方面，我们知道了安全工作"该干什么"，有的放矢，克服盲目性。另一方面，我们知道了安全工作"该怎么干"，步线行针，提高主动性。

用发展的眼光看，把握好"时间和空间"的关系，实现单项思维向立体思维的转变。新时代民航安全作为国家安全的关键环节，重要地位日益凸显，运行环境日趋复杂，安全形势越发严峻，迫切要求我们要从单项独立思维向综合立体思维转变，在思维方式上建立一个完整的多维坐标体系，去探索客观事物存在的真实位置，寻求正确的、合乎规律的管理方法。民航安全工作是一个动态变化的过程，没有"终点站"，没有"固定式"，不能用一成不变的眼光和态度对待安全工作。简单讲，就是思考问题要有大局观，不断认识规律、总结经验，常抓常进、抓出活力。既要考虑到具体的点，也就是针，更要考虑到这个点对应的千条线。只有科学合理地穿针走线，织就安全网，才能做到天衣无缝，确保安全。

（四）民航安全管理面临的挑战

将安全管理视为一种组织过程和将安全管理视为一项核心业务功能，就是明确地将对这种功能的最终安全责任和义务放在了各航空组织的最高层领导身上（并不否认个人在提供服务中承担安全责任的重要性）。这种责任和义务在资源分配决策中的体现比在其他任何方面都更为明显。

航空组织能够获取的资源有限。资源对执行某一组织直接和间接支持提供服务的核心业务功能是至关重要的。因此，资源分配成了高层管理者必须考虑的最为重要的组织过程之一。

除非组织坚持将安全管理视为核心业务功能，否则在分配资源，执行各种直接和间接支持提供服务的核心业务功能时，就有可能出现破坏性竞争。这种竞争可以导致一种被称为"生产和保护两难"的管理困境。可以描述为，必须基于二选一原则，将资源分配给认为相互冲突的两个目标，即生产目标（提供服务）或者保护目标（安全），因而在组织的高级管理层中会形成冲突。

因为安全管理被视为另一组织过程，并将安全管理视为另一核心业务功能，所以安全和效率并不是相互竞争，而是相互交织在一起的。这导致均衡地分配资源，以确保组织在生产过程中受到保护。在此情形困境下，"生产和保护两难"得到了有效解决。事实上，可以认为，在此情形下，并不存在两难。

遗憾的是，航空业一直以来存在两难困境。历史表明，因为大家认为生产和保护之间存在竞争，所以组织往往倾向陷入资源分配不平衡状况。如果出现此种竞争，保护目标通常会被放弃，组织偏重生产目标（尽管做出许多相反的解释说明）。这种有偏爱的组织决策不可避免地导致灾难的发生，只是时间早晚问题。

在此情形下，如果资源分配偏向天平的保护一侧，易导致破产。尽管在航空历史记载中难以找到这种替代方法，但是它提醒人们注意在资源分配方面做出合乎情理的组织决策的重要性。归根结底，如果组织的视角侧重安全管理，将其视为核心业务功能，并与其他核心业务处于同等水平并具有同等重要性，则显然可以避免产生"生产和保护两难"。这样，安全管理成为组织的一个构成部分，并且确保其可以获取的全部资源向组织分配相应的资源。

推论很明显：航空安全问题既不是航空运行本身固有的，也不是其自然的状况，而是所需要的和要参与的与生产或提供服务相关的活动的副产品。这使更有必要将安全管理视为一种核心业务功能，以确保对组织资源和目标进行分析，促进在保护和生产目标之间均衡且现实地分配资源，从而为组织整体服务。

（五）民航安全管理中的重要模型及应用

1. 海恩法则

海恩法则是德国飞机涡轮机的发明者帕布斯·海恩在航空界提出的一个关于飞行安全的法则。海恩在对多起航空事故的分析中，发现每一次事故总有一些征兆表现出来，但是人们没有注意发现，或者即使发现了也没有引起足够的重视，从而导致事故的发生。后来人们把海恩先生的发现称为"海恩法则"。简单地说，就是每一起严重航空事故的背后，必然有 29 次轻微事故和 300 起未遂先兆以及 1 000 起事故隐患。如果要想消除这起严重事故，首先就必须把这 1 000 起事故隐患控制住。

海恩法则强调两点：一是事故的发生是量的积累的结果；二是再好的技术，再完美的规章，在实际操作层面，也无法取代人自身的素质和责任心。

海恩法则多被用于企业的生产管理，特别是安全管理中。许多企业在对安全事故的认识和态度上普遍存在一个"误区"：只重视对事故本身进行总结，甚至会按照总结得出的结论有针对性地开展安全大检查，却往往忽视了对事故征兆和事故苗头进行排查；而那些未被发现的征兆与苗头，就成为下一次事故的隐患。长此以往，安全事故的发生就呈现出"连锁反应"，如图 1-4 所示。

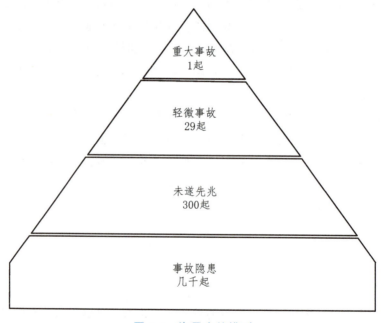

图 1-4 海恩事故模型

一些企业发生安全事故，甚至重特大安全事故接连发生，问题就出在忽视了事故征兆和事故苗头。海恩法则对企业来说是一种警示，它说明任何一起事故都是有原因的，并且是有征兆的；它同时说明安全生产是可以控制的，安全事故是可以避免的；它也给了企业管理者生产安全管理的一种方法，即发现并控制征兆。

具体来说，利用海恩法则进行生产安全管理的主要步骤如下：

（1）任何生产过程都要进行程序化，从而使整个生产过程都可以进行考量，这是发现事故征兆的前提。

（2）对每一个程序都要划分相应的责任，可以找到相应的负责人，让他们认识到安全生产的重要性，以及安全事故带来的巨大危害性。

（3）根据生产程序的可能性，列出每一个程序可能发生的事故，以及发生事故的先兆，培养员工对事故先兆的敏感性。

（4）在每一个程序上都要制定定期检查制度，及早发现事故的征兆。

（5）在任何程序上一旦发现生产安全事故的隐患，要及时报告，及时排除。

（6）在生产过程中，即使有一些小事故避免不了或者经常发生，也应引起足够的重视，及时排除。如果当事人不能排除，应该向安全负责人报告，以便找出这些小事故的隐患，及时排除，避免安全事故的发生。

海恩法则给我们的启示是：假如人们在安全事故发生之前，预先防范事故征兆、事故苗头，预先采取积极有效的防范措施，那么，事故本身就会被减少到最低限度，也就提高了安全工作水平。由此推断，要减少事故，重在防范，要保证安全，必须以预防为主。

2. 墨菲定律

墨菲定律是一种心理学效应，是由爱德华·墨菲（Edward A.Murphy）提出来的。爱德华·墨菲是美国爱德华兹空军基地的上尉工程师。1949 年，他和他的上司斯塔普少校参加美国空军进行的 MX981 火箭减速超重实验。这个实验的目的是测定人类对加速度的承受极限。其中有一个实验项目是将 16 个火箭加速度计悬空安装在受试者上方，当时有两种方式可以将加速度固定在支架上，而不可思议的是，竟然有人有条不紊地将两个加速度计全部装在错误的位置。于是墨菲得出了这一著名的论断，如果做某项工作有多种方式，而其中有一种方法将导致事故，那么一定有人会按这种方法去做。

墨菲定律的原句是这样的：如果有两种或两种以上的方式去做某件事

情，而其中一种选择方式将导致灾难，则必定有人会做出这种选择。其主要内容有四个方面：①任何事情都没有表面看起来那么简单；②所有的事情都会比你预计的时间长；③会出错的事情总会出错；④如果你担心某种情况发生，那么它就更有可能发生。

对待这个定律，安全管理者存在着两种截然不同的态度：一种是消极的态度，认为既然差错是不可避免的，事故迟早会发生，那么管理者就难有作为；另一种是积极的态度，认为差错虽不可避免，事故迟早要发生，那么安全管理者就不能有丝毫放松的思想，要时刻提高警觉，防止事故发生，保证安全。正确的思维方式是后者。根据墨菲定律可得到如下两点启示。

1）不能忽视小概率危险事件

小概率事件在一次实验或活动中发生的可能性很小，因此，就给人们一种错误的理解，即在本次活动中不会发生。然而与事实相反，正是这种错觉，麻痹了人们的安全意识，加大了事故发生的可能性，其结果是大大提高了事故的发生率。比如，中国运载火箭单个零件的可靠度均在 0.999 9 以上，即发生故障的可能性均在万分之一以下，可是在 1996 年、1997 年这两年中却频繁地出现发射失败。虽然具体原因很复杂，但这说明小概率事件也会发生的客观事实。纵观无数的大小事故原因，可以得出结论："认为小概率事件不会发生"是导致侥幸心理和麻痹大意思想的根本原因。墨菲定律正是从强调小概率事件的重要性的角度明确指出：虽然危险事件发生的概率很小，但在一次实验（或活动）中，仍可能发生，因此，不能忽视，必须高度重视。

2）墨菲定律是安全管理过程中的长鸣警钟

安全管理的目标是杜绝事故的发生，而事故是一种不经常发生和不希望发生的意外事件，这些意外事件发生的概率一般比较小，就是人们所称的小概率事件。由于这些小概率事件在大多数情况下不发生，所以，往往被人们忽视，产生侥幸心理和麻痹大意思想，这恰恰是事故发生的主观原因。墨菲定律告诫人们，安全意识时刻也不能放松。要想保证安全，必须从我做起，采取积极的预防方法、手段和措施，消除人们不希望发生的意外事件。

墨菲定律还可以发挥警示职能，提高安全管理水平。安全管理的警示职能是指在人们从事生产劳动和有关活动之前将危及安全的危险因素和发生事故的可能性找出来，告诫有关人员注意并引起操作人员的重视，从而确保其活动处于安全状态的一种管理活动。由墨菲定律揭示的两点启示可以看出，警示职能是安全管理的一项重要职能，对于提高安全管理水平具有重要的现实意义。在安全管理中，警示职能将发挥如下作用：

（1）警示职能是安全管理中预防控制职能得以发挥的先决条件。

任何管理，都具有控制职能。由于不安全状态具有突发性的特点，所以人们活动之前会采取一定的控制措施、方法和手段，防止事故发生。这说明安全管理控制职能的实质内核是预防，坚持预防为主是安全管理的一条重要原则。墨菲定律指出：只要客观上存在危险，那么危险迟早会变成不安全的现实状态。所以，预防和控制的前提是要预知人们活动领域中固有的或潜在的危险，并告诫人们预防什么，并知道如何去控制。

（2）发挥警示职能，有利于强化安全意识。

安全管理的警示职能具有警示、警告之意，它要求人们不仅要重视发生频率高、危害性大的危险事件，而且要重视小概率事件；在思想上不仅要消除麻痹大意思想，而且要克服侥幸心理，使有关人员的安全意识时刻也不能放松，这正是安全管理的一项重要任务。

（3）发挥警示职能，变被动管理为主动管理。

传统安全管理是被动的安全管理，是在活动中采取安全措施或事故发生后，通过总结教训，进行"亡羊补牢"式的管理。当今，科学技术迅猛发展，市场经济导致个别人员的价值取向、行为方式不断变化，新的危险不断出现，发生事故的诱因增多，而传统安全管理模式已难以适应当前的情况。为此，要求人们不仅要重视已有的危险，还要主动去识别新的危险，变事后管理为事前与事后管理相结合，变被动管理为主动管理，牢牢掌握安全管理的主动权。

（4）发挥警示职能，提高全员参加安全管理的自觉性。

安全状态如何，是各级各类人员活动行为的综合反映，个体的不安全行为往往祸及全体，即"100-1=0"。因此，安全管理不仅是领导者的事，更需要全体人员的参与。根据心理学原理，调动全体人员参加安全管理积极性的途径通常有两个：①激励：即调动积极性的正诱因，如奖励、改善工作环境等正面刺激；②形成压力：即调动积极性的负诱因，如惩罚、警告等负面刺激。对于安全问题，负面刺激比正面刺激更重要，这是因为安全是人类生存的基本需要，如果安全，则被认为是正常的；若不安全，一旦发生事故会更加引起人们的高度重视。因此，不安全比安全更能引起人们的注意。墨菲定律正是从此意义上揭示了在安全问题上要时刻提高警惕，人人都必须关注安全问题的科学道理。这对于提高全员参加安全管理的自觉性，将产生积极的影响。

3. SHELL 模型

SHELL 模型是由坎尔温·爱德华兹（Elwyn Edwards）教授于 1972 年提出来的，其中，S 代表软件（Software），即程序、培训、支持性等；H 代表硬件（Hardware），即机器和设备；E 代表环境（Environment），即整个系统的运行环境；L 代表人（Liveware），即工作场所中的人，如图 1-5 所示。

H硬件—Hardware　　　S软件—Software
E环境—Environment　　L人—Liveware

图 1-5　SHELL 模型

SHELL 模型是一种用于对运行环境的要素与特征，以及对这些要素和特征可能与人之间发生的相互影响进行分析的简单却非常形象的概念性工具。SHELL 模型有助于形象地显示航空系统中各个要素和特征之间的相互关系。这一模型强调个人与航空系统中其他要素和特征之间的相互关系界面。

（1）人-硬件（L-H）。当提到人的行为能力时，最常考虑的是人与技术之间的界面。它决定了人如何与实际工作环境相互作用。例如，设计适合人体坐姿特点的座位、适合于用户感官和信息处理特点的显示器，以及用户控制装置的正确移动、编码和位置。然而，人的本能倾向适应 L-H 的不协调情况，这种倾向可能会掩盖严重的缺陷，而这种缺陷可能在突发事件发生后才显现出来。

（2）人-软件（L-S）。L-S界面是指人与其工作场所中的支持系统，如规章、手册、检查单、出版物、标准操作程序（SOP）和计算机软件之间的关系。它涉及各种"方便用户"问题，如现行性、准确性、格式和表达、词汇、清晰度和符号表示法等。

（3）人-人（L-L）。L-L界面是指工作场所中人与人之间的关系。机组成员、空中交通管制员、航空器维修工程师和以团队形式工作的其他运行人员，并且团队影响力对决定人的行为能力起到一定的作用。机组资源管理（CRM）的出现使人们极大地关注此界面。机组资源管理的培训及机组资源管理向空中交通服务（ATS）（团队资源管理，TRM）和维修（维修资源管理，MRM）的延伸，均侧重对运行差错的管理。员工和管理者的关系，与能够极大地影响人的行为能力的企业文化、企业氛围和公司运行压力一样，也属于此界面的范围。

（4）人-环境（L-E）。此界面涉及人与内外部环境之间的关系。内部工作场所环境包括对诸如温度、环境光线、噪声、振动和空气质量等的实际考虑。外部环境包括诸如能见度、湍流和地形等。每周7天，每天24小时运转的航空工作环境包括对正常生物节律，如睡眠方式造成的干扰。此外，航空系统的运行环境受到广泛的政治和经济方面的限制，这反过来又会影响公司的整体环境。这里涉及诸如实际设施和辅助性基础设施的充裕性、地方财政状况和管理的有效性这类因素。就像当前的工作环境可能迫使员工走捷径一样，不充裕的基础设施也会使决策质量大打折扣。

SHELL模型突出了各要素中人的重要地位，明确了人是各要素中的核心因素，揭示了实施安全管理过程要重点控制人-硬件、人-软件、人-人、人-环境之间的相互作用和影响。为了避免系统中存在潜在事故，系统中的其他要素必须和人员紧密结合，以防止运行差错从界面的"缝隙处侵蚀进去"。

4. REASON 模型

REASON模型（瑞士奶酪模型）是曼彻斯特大学教授詹姆斯·里森（James Renson）在其著名的心理学专著 *Human Error* 一书中提出的概念模型，原始模型在理论上建立后被迅速而广泛地应用于人机工程学、医学、核工业、航空等领域，并通过国际民航组织的推荐成为航空事故调查与分析的理论模型之一。这一模型的核心创新点在于其系统观的视野，在对不安全事件行为人的行为分析之外，更深层次地剖析出影响行为人的潜在组织因素，从一体化相互作用的分系统、组织权力层级的直接作用到管理者、利益相关者、企业文化的间接影响等角度全方位地扩展了事故分析的视野，并以一个逻辑统一的事故反应链将所有相关因素进行了理论串联。

REASON 模型的内在逻辑是：事故的发生不仅有一个事件本身的反应链，还同时存在一个被穿透的组织缺陷集，事故促发因素和组织各层次的缺陷（或安全风险）是长期存在的并不断自行演化的，但这些事故促因和组织缺陷并不一定造成不安全事件。当多个层次的组织缺陷在一个事故促发因子上同时或次第出现缺陷时，不安全事件就失去多层次的阻断屏障而发生了，具体如图 1-6 所示。

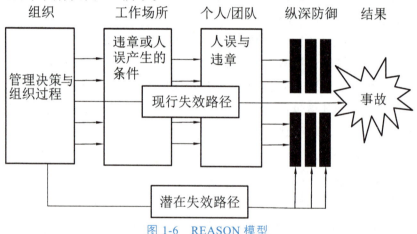

图 1-6　REASON 模型

图 1-6 对 REASON 模型进行的描述，有助于了解在事故因果关系中组织因素和管理因素（即系统因素）之间的相互影响。在航空系统深层建立各种不同的防护机制，以在系统的各个层次（即第一线工作场所，监督层和高级管理层），保护该系统免受带有消极面的人的行为能力或者决定的波动的影响。防护是系统所提供的资源，用于保护系统免受参与生产活动的各组织所产生的和必须控制的安全风险。该模型表明，尽管包括管理决策在内的组织因素能够产生可导致破坏系统防护机制的潜在状况，但是它们

也有助于系统防护机制的健全和完善。

5. HFACS 模型

人为因素分析与分类系统（the Human Factors Analysis and Clansification System，HFACS）是联邦航空局（FAA）根据里森教授的 REASON 模型（瑞士奶酪模型）提出来的，是一种综合的人的差错分析体系，它解决了人的失误理论与实践应用长期分离的状态，是航空飞行事故调查中被普遍接受的人因分类工具，填补了人的失误领域一直没有操作性理论框架的空白。

HFACS 模型定义了不安全行为、不安全行为的前提、不安全的监督和组织影响 4 个级次的失效，具体如图 1-7 所示。

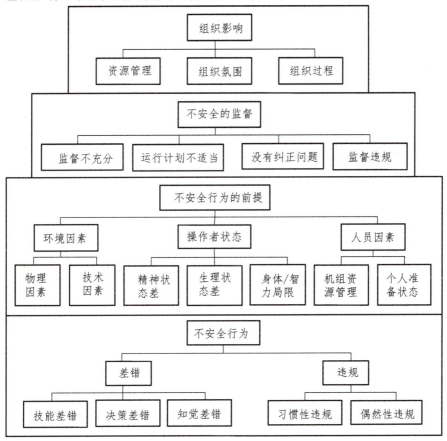

图 1-7　HFACS 模型

1）不安全行为

（1）差错（失误）。

差错有 3 种基本类型：决策差错、技能差错和知觉差错。

决策差错（失误）：由于受主、客观因素的影响，在明知某些行为是不恰当或不安全的情况下而有意为之。虽然人的本意很好，但实际结果却是发生了决策差错。主要包括 3 种形式：选择程序时的决策差错、选择方案时的决策差错和解决问题时的决策差错。

技能差错（失误）：个人对于客观事物的感知和认识与实际情况发生偏差所导致的差错。主要包括：视觉幻觉、方位感缺失、距离、大小、颜色判断失误等。

知觉差错（失误）：人员面对特定任务做出本能或习惯性的自发响应时发生的错误。通常分为注意力差错、记忆差错和技巧差错。

（2）违规。

违规是指违反规章、程序、标准和制度等行为。根据违规的起因，可将它分为两大类：习惯性违规和偶然性违规。

习惯性违规：违规行为持续时间长，出现频率高从而"习惯成自然"的违规操作。这一类违规操作很有可能导致事故发生，但却往往被大部分人或监管组织接受。

偶然性违规：与个人行为习惯或组织管理制度无关的、偶然出现的违规。偶然性违规与个体典型行为模式无关，也难以预测。

2）不安全行为的前提

（1）环境因素。

物理环境：操作环境（如气象、高度、地形等），也指操作者周围的环境，如驾驶舱里的高温、振动、照明、有毒气体等。

技术环境：包括设备和控制设计、显示及界面特征、检查单编排等一系列情况。

（2）操作者状态。

精神状态差：精神疲劳、失去情境意识、工作中自满或飞行警惕性低等。

生理状态差：生病、缺氧、身体疲劳、服用药物、出现幻觉、方向感偏差或感冒。

身体/智力局限：操作要求超出个人能力范围，如视觉局限、休息时间不足或体能不适应等。

（3）人员因素。

机组资源管理：在执行任务过程中飞机、空管等自身及相互间信息沟通不畅、缺少团队合作等。

个人准备状态：没有遵守机组休息的要求、训练不足或飞行之前执行了会干扰个体认知准确性的任务。

3）不安全的监督

（1）监督不充分：监督者或组织者没有提供专业的指导、培训或监督等。

（2）运行计划不适当：机组配备不当，没有提供足够的指令时间，任务或工作负荷过量，没有为机组提供足够的休息机会，进行不合理的任务安排和人员配备等。

（3）没有纠正问题：管理者知道人员、培训和其他相关安全领域的不足之后，仍然允许其持续下去的情况。

（4）监督违规：管理者或监督者有意违反现有的规章程序，如允许没有资格、未取得执照的人员飞行等。

4）组织影响

（1）资源管理：与组织资源的分配和维护有关的执行层面的决策，如人资、资金、设施分配等。

（2）组织氛围：对组织内工作效率产生影响的因素，如组织架构、文化、政策等。

（3）组织过程：约束和规定组织工作的政策条例，如组织工作速率、工作程序标准等。

6. 工作危害分析法（JHA）

工作危害分析法是一种定性的风险分析辨识方法，它是基于作业活动的一种风险辨识技术，用来进行人的不安全行为、物的不安全状态、环境的不安全因素以及管理缺陷等的有效识别。即先把整个作业活动（任务）划分成多个工作步骤，将作业步骤中的危险源找出来，并判断其在现有安全控制措施条件下可能导致的事故类型及其后果。若现有安全控制措施不能满足安全生产的需要，应制定新的安全控制措施以保证安全生产；危险性仍然较大时，还应将其列为重点对象加强管控，必要时还应制定应急处置措施加以保障，从而将风险降低至可以接受的水平。具体流程如图 1-8 所示。

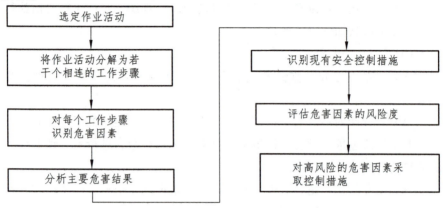

图 1-8　作业活动危害分析流程

7. 安全检查表法（SCL）

安全检查表法是一种定性的风险分析辨识方法，它是将一系列项目列出检查表进行分析，以确定系统、场所的状态是否符合安全要求，通过检查发现系统中存在的风险，提出改进措施的一种方法。安全检查表的编制主要依据以下 4 个方面的内容：

（1）国家、地方的相关安全法律法规、规定、规程、规范和标准，行业、企业的规章制度、标准及企业安全生产操作规程。

（2）国内外行业、企业事故统计案例，经验教训。

（3）行业及企业安全生产的经验，特别是本企业安全生产的实践经验，引发事故的各种潜在不安全因素及成功杜绝或减少事故发生的成功经验。

（4）系统安全分析的结果,如采用事故树分析方法找出的不安全因素,或作为防止事故控制点源列入检查表。

安全检查表法的优点包括：能够系统化、科学化地检查，事先编制检查表，使检查工作法规化、规范化，并且简明易懂，易于掌握。此外，它还可以用于新开发工艺过程的早期阶段评价，识别和消除已知的危险。然而，它也有一定的局限性，如只能做定性的评价，且只能对已经存在的对象进行评价。

8. 风险矩阵分析法（LS）

风险矩阵分析法是一种半定量的风险评价方法，它在进行风险评价时，将风险事件的后果严重程度相对定性地分为若干级，将风险事件发生的可能性也相对定性地分为若干级，然后以严重性为表列，以可能性为表行，制成表，在行列的交点上给出定性的加权指数。所有的加权指数构成一个矩阵，而每一个指数代表了一个风险等级。

$$R = L \times S$$

式中，R 代表风险程度；L 代表发生事故的可能性，重点考虑事故发生的频次，以及人体暴露在这种危险环境中的频繁程度；S 代表发生事故的后果严重性，重点考虑伤害程度、持续时间。

9. 作业条件危险性分析法（LEC）

作业条件危险性分析法是一种半定量的风险评价方法，它用与系统风险有关的 3 种因素指标值的乘积来评价操作人员伤亡风险大小。3 种因素分别是：L（事故发生的可能性）、E（人员暴露于危险环境中的频繁程度）和 C（一旦发生事故可能造成的后果）。给 3 种因素的不同等级分别确定不同的分值，再以 3 个分值的乘积 D（危险性）来评价作业条件危险性的大小，即 $D = L \times E \times C$。D 值越大，说明该系统的危险性越大。

（六）安全风险管理

1. 安全风险管理的概念

通俗地讲，风险就是发生不幸事件的概率，即一个事件产生我们所不期望的后果的可能性。严格地说，风险和危险是不同的，危险只意味着一种坏兆头的存在，而风险则不仅意味着这种坏兆头的存在，还意味着有发生坏兆头的渠道和可能性。因此，虽然有时有危险存在，但不一定要冒此风险。例如，人类要应用核能，就有受辐射的危险。这种危险是客观存在的，但在现实中，人类采取各种措施使其应用中受辐射的风险减小，甚至人绝对地与之隔离，尽管它仍有受辐射的危险，但由于无发生渠道，所以我们并没有受辐射的风险。这里说明人们应该关心的是"风险"，而并非"危险"。因为直接与人发生联系的是"风险"，而"他险"是事物客观的属性，是风险的一种前提特征。比如，航空公司运营过程中的危险变成风险更受到人、程序、航空器和设备、不可抵抗力等的影响。

根据国际标准化组织的定义（ISO13702—1999），风险是衡量危险性的指标，风险是某一有害事件发生的可能性与事故后果的组合。也就是说，风险是发生危险后果的可能性和严重性的综合描述。

安全风险被定义为，以可预见的最坏情况做基准，对一种危险后果从预测概率和严重性角度进行评估。

2. 安全风险管理的范围

安全风险管理是一个一般用语，包括对威胁到组织能力的具有危险后果的安全风险进行评估，以及将该安全风险缓解至最低合理可行（ALARP）水平。安全风险管理的目的是，为均衡地在所有评定的安全风险和那些可控及可解的安全风险之间配置资源提供基础。换言之，安全风险管理有助于解决"生产和保护两难"问题。因此，安全风险管理是安全管理程序中的一个重要组成部分。然而，其增值价值在于它是一种基于数据推动的资源配置方式，因此是可降解和易于解释的。

从安全风险的角度看，航空（就像任何其他社会技术生产系统一样）通常是"上重下轻"。大多数具有危险后果的安全风险都会经评估首先归入不可容忍范围。较少数具有危险后果的安全风险经评估直接归入可容忍范围，而更少的具有危险后果的安全风险经评估直接归入可接受范围。

经评估首先归入不可容忍范围的安全风险，在任何时候都是不可接受的。危险后果的概率或严重性如此之大，可能出现的毁坏性危险对组织的生存构成如此之大的威胁，因此需要立即采取缓解行动。一般而言，为了使安全风险处于可容忍或可接受范围，组织可以采用两种可供选择的方法。

（1）配置资源，以减少危险后果破坏性潜在的风险或其规模。

（2）如果不能采用缓解的方法，则取消该运行。经评估初步归入可容忍范围的安全风险是可接受的，条件是已有的缓解战略确保在可预见的范围之内使危险后果的概率或严重性保持在组织的控制之下。同样的管理标准也适用于开始时归入不可容忍范围，经缓解后到达可容忍范围的安全风险。一开始评估为不可容忍、经缓解降至可容忍范围的安全风险，必须一直得到能够保证对其进行控制的缓解战略的"保护"。

在上述两种情况下，需要进行成本效益分析：为了将危险后果概率或严重性置于组织控制之下而对资源进行配置，资源配置是否需要如此规模，以至于与其说是将危险后果的概率或严重性置于有无收益组织控制之下，还不如说给组织的生存构成更大的威胁。

缩写词"ALARP"用来说明已被降至最低合理可行水平的安全风险。在安全风险管理的情况下，确定什么叫"合理可行"，应该同时考虑进一步降低安全风险和成本的技术可行。这里包括成本效益分析。表明某一系统中的安全风险是最低合理可行水平，意味着任何进一步降低风险不是不可行，就是成本负担过重。但是应当牢记，当某一组织接受某一安全风险时，这并不意味着该安全风险已经消除，某种残存性质的安全风险依然在；但是，该组织已认为残存的安全风险足够低，再进一步降低此种风险将得不偿失。

经评估初步归入可接受范围的安全风险是可以接受的，因为它们当前就处于可接受范围，不需要采取行动使危险后果的概率或严重性处于或保持在组织的控制之下。

3. 民航安全风险管理过程

1）危险识别

在进行危险识别时可以从以下因素和过程范围考虑：

（1）设计因素，包括设备和任务设计。

（2）程序和操作做法，包括其文档和检查单，以及根据实际运行条件对其进行的验证。

（3）通信，包括通信方式、术语和语言。

（4）个人因素，如公司的招聘、培训、薪酬和资源分配政策。

（5）组织因素，如产品和安全目标的兼容性、资源分配、运行压力和公司的安全文化。

（6）工作环境因素，如周围环境噪声和振动、温度、照明、防护设备和衣物的可获取性。

（7）管理监督因素，包括规章的可适用性和可实施性，设备、人员和程序的认证，以及监督的力度。

（8）防卫机制，包括的因素如提供适当的检测和报警系统、设备的容差、设备对差错和故障的抵御能力。

（9）人的行为能力，限于健康状况和身体限制。

根据成熟的安全管理方法，危险识别是一种连续的、经常性的日常活动，危险识别永无止息，它是作为组织业务提供服务的组织过程的组成部分。

2）评估安全风险的概率

识别出危险结果之后，使具有危险结果的安全风险处于组织控制之下，首先要评估在系统运行期间出现危险后果的概率，即评估安全风险概率。安全风险概率指不安全事件或情况发生的可能性，可辅以下述问题加以补充：

（1）以前发生过与所考虑情况类似的事件吗或这是一次性事件吗？

（2）哪些同类型的其他设备或部件可能会有类似缺陷？

（3）有多少人员执行所涉程序未受其影响？

（4）使用可疑设备或有问题程序所占的时间比例是多少？

（5）在多大程度上存在可能反映出对公共安全较大威胁的涉及组织、管理或控制方面的问题？

这些示例问题所基于的任何或所有因素都可能是有根据的，表明了考虑多重因果关系的重要性。在评定可能发生不安全事件或情况的可能性即概率时，必须对具有潜在合理性的所有看法进行评估。

表 1-1 为一份典型的安全风险概率表。此例为一份五级评定表，表中包括 5 个类别，表示发生不安全事件或情况的概率、每一类别的含义，以及每一类别具有的值。必须强调的是，这仅是用于教育目的的示例。虽然表 1-2 以及在以下段落中论及的严重性表与风险评定和可容忍度矩阵，从概念上讲，都是行业标准，但是必须对各表和矩阵的详细程度、复杂性进行调整，并符合不同组织的特定需要和复杂性。有些组织增列了定性和定量定义。同样，有些表扩大至十五级。五级评定表和 5×5（五行五列）矩阵绝不是一个标准。

表 1-1　安全风险概率表

概率	含义	值
频繁	可能多次发生（频繁发生）	5
偶发	可能时有发生（偶尔发生）	4
很小	不大可能发生，但是有可能（少有发生）	3
不可能	很不可能发生（据了解未发生过）	2
极不可能	几乎不可想象会发生	1

3）评估安全风险严重性

使用概率对不安全事件或情况加以评定之后，如果在系统运行期间，危险的坏潜能显现出来，那么将具有危险后果的安全风险置于组织控制之下的这一过程的第二步就是评定危险后果的严重性。这被称为安全风险严重性的评定。

安全风险的严重性被界定为以最糟糕的可预见情况为参考，发生不安全事件或情况的可能后果。如果只是在提供服务的运行期间，危险的破坏潜能显现出来，以下问题有助于评定危险后果的严重性。

（1）可能会有多少人丧命（员工、乘客、旁观者和公众）？

（2）财产或经济损失可能达到何种程度（运营人的直接财产损失、航空基础设施的损坏、第三方的间接损失，以及对国家财政和经济的影响）？

（3）发生环境影响的可能性有多大（燃料或其他危险品的泄漏，以及对自然环境的有形破坏）？

（4）可能出现何种政治影响或媒体感兴趣的可能是什么？

表 1-2 为一份典型的安全风险严重性表。此例也为一份五级评定表，包括 5 个类别，表示发生不安全事件或情况的严重性程度、每一类别的含义，以及每一类别具有的值。

表 1-2　安全风险严重性表

事件的严重性	含 义	值
灾难性的	设备损毁； 多人死亡； 安全系数大大降低，运行人员的肉体痛苦或工作负荷如此之大，以至于不能指望他们准确或完整地完成任务	A
有危险的	严重伤害； 主要设备损坏； 安全系数明显降低，由于运行人员工作负荷增加，或者由于出现损害其效率的情况，他们应对不利运行状况的能力下降	B
重大的	严重事故征候；	C
较小的	人员受伤； 障碍； 运行限制； 启动应急程序； 较小事故征候	D
可忽略不计的	后果微乎其微	E

使用概率和严重性对产生不安全事件等情况的安全风险进行评定之后，如果系统的运行期间，危险的破坏潜能显现出来，那么将造成不安全事件或情况的安全风险置于组织控制之下这一过程的第三步就是评定危险后果的可容忍度。这被称作安全风险的可容忍度的评定。使用的是两步法。

首先，需要获得对安全风险的一个全面评定。将安全风险概率表和安全风险严重性表合并为一个安全风险评定矩阵，即可达到这一目的。示例如表1-3所示。例如，安全风险概率被评定为"偶发"（4）。安全风险严重性被评定为"有危险的"（B）。概率和严重性的组合（4B）就是所要考虑的具有危险后果的安全风险。通过这一示例可以看出，安全风险是一个数字或字母数字的组合，而不是自然世界中看得见或摸得着的构成成分。

表1-3　安全风险评定矩阵表

风险概率	安全风险严重性				
	灾难性的 A	有危险的 B	重大 C	较小 D	可忽略不计 E
频繁 5	5A	5B	5C	5D	5E
偶发 4	4A	4B	4C	4D	4E
少有 3	3A	3B	3C	3D	3E
不可能 2	2A	2B	2C	2D	2E
极不可能 1	1A	1B	1C	1D	1E

其次，将从安全风险评定矩阵中获得的安全风险指数纳入描述可容忍度标准的安全风险可容忍度矩阵。根据表1-4，评定为4B的安全风险标准是"现有情况下不可接受"。在此情况下，安全风险归入倒三角的不可容忍范围。具有危险后果的安全风险为"不可接受"。

组织必须配置资源，以降低面临危险后果的风险；配置资源，以降低危险后果的规模或破坏潜能；如果不能缓解，则取消运行。

表 1-4　安全风险可容忍度矩阵表

建议标准	评定风险指数	建议标准
不可容忍范围	5A、5B、4A、4B、3A	现有情况下不可接受
可容忍范围	5D、5E、4C、4D、4E、3B、3C、3D、2A、2B、2C	基于风险缓解可接受，需要做出管理决定
可接受范围	3E、2D、2E、1A、1B、1C、1D、1E	可接受

4）安全风险的控制/缓解措施

在将不安全事件或情况后果的安全风险置于组织控制之下的过程中的第四步即最后一步，是必须采取控制/缓解战略。一般而言，控制和缓解是可互换使用的术语，都是选定针对危险的措施，将危险后果的概率和严重性置于组织的控制之下。

继续前边的示例，所分析的危害后果的安全风险已被评定为 4B（"现有情况下不可接受"）。这时，必须配置资源，使之沿三角下行，降到安全风险为"最低合理可行水平"的可容忍范围。如果达不到此目的，那么旨在提供服务而使组织承受所述危险后果的运行必须取消。

安全风险控制/缓解战略一般有 3 种：

（1）规避。即取消运行或活动，因为安全风险超出了继续运行或活动所带来的利益。规避战略示例包括：

① 取消进入周围地形复杂而又无必要辅助设备的机场的运行。

② 取消不配备缩小的最低垂直间隔标准（RVSM）设备的航空器进入 RVSM 空域的运行。

（2）减少。即减少运行或活动的次数，或采取行动降低所认可风险后果的严重程度。降低战略示例包括：

① 将进入周围地形复杂而又无必要辅助设备的机场限制在白天、目视条件下进行。

② 不配备 RVSM 设备的航空器的运行要在 RVSM 空域以上或以下进行。

③ 风险隔离。即采取行动，切断危险后果的影响，或构筑余系统，以

防止风险。基于风险隔离的战略示例包括：

a. 周围地形复杂而又无必要辅助设备的机场的运行只限于由具备特定导航性能能力的航空器进行；

b. 不配备 RVSM 设备的航空器，不得在 RVSM 空域运行。

（七）安全保证

1. 安全绩效监控和测量

安全保证的首要任务是控制。为此要采取安全绩效监控和测量，这是依照安全政策批准的安全目标验证组织的安全绩效的过程。安全保证控制必须通过监控和测量运行人员为提供组织的服务必须从事的活动的后果来进行。

安全绩效和监控信息有各种不同的来源，包括正式的审计和评估，与安全相关的事件调查和与服务过程相关的日常活动的持续监测，通过风险报告系统来收集信息。

安全绩效监控和测量的信息来源如下：

（1）危险报告。危险报告和危险报告系统是危险计划的基本要素。报告系统主要包括 3 种：强制报告系统、自动报告系统和秘密报告系统。

（2）安全研究。安全研究是一项包括广泛安全问题的大型分析。可以通过尽可能最广泛的研究来了解一些普遍的安全问题，一个组织可能遇到全球性质或已经在行业或国家范围内涉及的安全问题。例如，一个航空公司可能遇到与进近和着陆相关事件（不稳定的进近、纵深滑跑着陆和过高空速着陆等）增加的情况。在全球范围内，业界已经关注进近、着陆事故（ALA）的频发和严重性并进行了重大研究，提出了许多安全建议并制定了全球措施，以在飞行的关键进近和着陆阶段减少这类事件。因此，有问题的航空公司可以在这些全球建议和研究中发现用于自身、公司内部安全分析的令人信服的论据。基于孤立事件的安全论据可能是不够的。因为其性质，安全研究更适于应对系统安全缺陷而不是识别特定个别的危险。

（3）安全审查。在引进和采用新的技术、修改或实施新程序期间，或在运行结构改变的情况下需进行安全审查。例如，一个机场正在考虑实施机场地面监测设备（ASDE）。因此，安全审查的目标可能是通过评价与项目有关的安全管理活动的适当性和有效性，来评估在该机场实施机场地面监测设备相关的安全风险。安全审查由安全行动小组实施。

（4）审计。审计注重组织安全管理体系的完整性，定期评价安全风险控制状况。像其他要求一样，审计要求由功能部门提出，主要基于各种各样的复杂情况须与组织的复杂性相适应。虽然审计对涉及与服务提供直接相关活动的单位来说是"外部"的，但对整个组织来说仍是"内部"的。审计并不是旨在对技术过程的深层审计，而是旨在为生产业务单位的安全管理功能、活动和资源提供保证。审计用来确保安全管理体系的结构在人员配备、遵守批准的程序和细则，能力水平，操作设备和设备的培训，维持所需绩效水平等方面的正确合理性。

（5）安全调查。安全调查检查某一具体运行的特别因素或程序，如问题领域或日常运行的瓶颈，运行人员的认识和意见及有异议或混乱的领域，可能涉及使用调查单、问卷和非正式秘密访谈。由于调查是主观的，在采取纠正行动之前需进行核实。调查是提供重要安全信息的一个花费不多的渠道。

（6）内部安全调查。内部安全调查包括不要求调查或向国家报告的事故或事件。尽管在某些情况下，一些组织也可进行内部调查，即使国家对所述事件正在进行调查，属于内部安全调查范围的事故或事件的实例包括：飞行中的紊流（飞行运行）、频率拥挤（ATC）、重大故障（维修）及停机坪车辆运行（机场）。

2. 变更的管理

由于对现有系统、设备、方案、产品和服务的扩展、压缩、变化，以及新设备或程序的引入，航空组织会经历不断的变化，每当发生变化时，便可能会不经意地将危险带到运行中。安全管理实践要求对作为变化的产物的危险应系统、主动地加以识别，并制定、实施和评估管理具有危险后果的安全风险的战略。

变化可能引入新的危险，可能影响现有安全风险缓解战略的适用性，影响现有安全风险缓解的有效性。变化可以是组织外部的或是内部的。外部变化包括监管要求的变化、安保要求的变化和空中交通管制的改组。内部变化包括管理变化、新设备和新程序。

3. 安全管理体系的持续改进

安全管理体系持续改进的目的是确定低于标准绩效的且按原因及其在安全管理体系运行中的影响，通过安全保证活动纠正查明的低于标准绩效的情况。通过内部评估，内部和外部审计达到持续的改进。持续改进涉及的内容如下：

（1）如通过内部评估对设施、设备、文件和程序进行主动评估。

（2）对个人的绩效进行主动评估，如通过定期的能力检查（评估/审计的形式）核实个人完成安全责任的情况。

（3）被动评估，通过诸如内部审计、外部审计核实系统控制和缓解安全风险的有效性。

因此，只有当组织对其技术运行和其纠正的行动保持持续的警觉时才会出现持续的改进。实际上，没有对安全控制和缓解行动的持续监控，就无法说明安全管理过程是否正在实现其目标。同样，也无法说明安全管理体系是否在有效地实现其目标。

（八）安全宣传

1. 教育和培训

安全管理者提供与组织的特定运行、运行单位相关的安全问题有关的当前信息和培训。对所有工作人员，不管其在组织的级别如何，提供适当的培训表明管理者对建立有效安全管理体系的承诺。安全培训和教育应包括以下内容：

（1）有文件佐证的确定培训要求的过程。

（2）测量培训有效性的验证过程。

（3）初始（一般安全）职务专门培训。

（4)纳入安全管理体系的教育或初始培训,包括人的因素和组织因素。

（5）安全复训。

应以文件形式记载组织内的每一活动领域的培训要求和活动。应为每一雇员包括管理者编制培训档案，以协助查明和跟踪雇员的培训要求，并核实雇员已经接受了计划的培训。同时应使培训方案适合组织的需要和复杂性。

一个组织内的安全培训必须确保人员得到培训并有能力执行其安全管理职责。安全理论体系手册（SMSM）应为运行人员、经理和主管、高级管理者和责任主管规定安全初训及复训训练标准。安全培训量应与个人的责任和参与安全管理体系的情况相适应。安全管理体系手册还应规定安全培训责任，包括内容、频次、验证和安全培训记录管理。

对运行人员的培训涉及安全责任，包括遵循所有运行和安全程序、识别和报告危险。培训目标应包括组织的安全政策和安全管理体系的基本内容及概况。内容包括危险、后果和风险的确定，安全风险管理过程的作用和责任，以及非常基本的安全报告和组织的安全报告系统。

对管理者和主管的安全培训应涉及安全责任，包括宣传安全管理体系和使运行人员进行危险报告。除了为运行人员制定的培训目标外，对管理者和主管制定的培训目标应包括安全过程、危险识别、安全风险评估和缓解，以及变化管理的详细知识。除为运行人员规定的内容外，对主管和管理者的培训内容还应包括安全数据分析。

对高级管理者的安全培训应包括符合国家和组织安全要求的安全责任、资源分配、确保有效的部门间安全信息交流、对安全管理体系的积极宣传。因此，除了以上两类雇员的目标外，对高级管理者的安全培训应包括安全保证和安全宣传、安全作用和责任，以及确定可接受的安全水平。

此外，安全培训还应包括对责任主管的特殊安全培训。此种培训的时间应适当缩短（不应超过半天的时间），应使责任主管全面了解组织的安全管理体系，包括安全管理体系的作用和责任、安全政策和目标、安全风险管理和安全保证。

2. 安全信息交流

组织应向所有运行人员通报安全管理体系的目标和程序，在支持提供服务的组织运行的所有方面均应突出安全管理体系的位置。安全管理者应通过公告和简报宣传组织安全管理体系方案的绩效。安全管理者还应确保从内部或来源于其他组织的调查和案例记录或经验吸取的教训得到广泛宣传。在整个组织中，安全管理者和运行人员之间应该积极沟通。如果积极鼓励运行人员识别和报告危险，安全绩效会更高。安全信息交流的目的如下：

（1）确保所有员工充分了解安全管理体系。

（2）传达安全关键信息。

（3）解释为何采取特殊行动。

（4）解释为何引入或修改安全程序。

（5）传达"引人注意"的信息。

第二章

我国民航双重预防机制建设情况

一、民航推进双重预防机制建设面临的困难与挑战

双重预防机制是一种确保安全性和可靠性的体系，在很多生产运行领域都被广泛应用。然而，双重预防机制也存在一些局限，需要采取相应的措施来解决。

首先，部分单位、个人将双重预防机制的建设注意力集中在定义的理解和区分上，尤其是对危险源和隐患的区分。在定义上的过度关注，势必造成对整改措施以及后续闭环工作的忽视，形成头重脚轻的双重预防工作模式。长此以往，企事业单位则不易看到双重预防机制对安全带来的实际效益，形成恶性循环，机械性地开展工作，甚至认为此项工作没有意义，是在浪费时间。如何将风险和隐患在实际操作中快速、准确而又不耗费大量精力的前提下区分开来，成为建设双重预防机制的一个重要议题。

其次，处于长时间、高强度工作中的一线人员，已经没有多余的精力分配给风险隐患报送，尤其是个别单位将风险隐患上报内容设计得繁琐冗长，进一步降低了一线人员报送风险隐患的积极性。如何提升报送积极性，提高报送效率，减轻报送风险隐患给一线人员带来的负担，成为目前亟待解决的问题。

最后，双重预防机制的建设离不开现代科技手段的支撑，如何将风险隐患工作融入整体安全管理系统，使工作流程可视化、可循迹，突出管控重点，智能化推送风险隐患等，并建立科学合理的评价体系，是目前双重预防机制建设的又一局限。

因为双重预防机制存在着上述局限，所以整个民航业在推进双重预防机制的建设中面临诸多困难。最为显著的有以下几点：

（1）推进双重预防机制建设需要花费人力、物力和财力。小公司的条件有限，对双重预防机制的认识不到位，同时领导重视程度也不足。双重预防机制在2015年年底提出后，煤矿、危化品等行业以及运输航空推行较快、应用较早、智慧化智能化程度较高，而通航在双重预防机制建设的起步较晚，缺乏经验，在建设过程中也缺乏与双重预防机制建设成熟的企业交流学习的机会。不同企业单位对运行安全的需求也不一样，因此构建双重预防机制需要根据实际情况进行个性化定制，这也需要一定的技术水平。

（2）制度保障不完善，存在畏难发愁情绪，认为民航业双重预防机制没有先例，无从参考，在对风险名词概念解释等有争论的情况下，无法辨识风险点，存在等待、观望现象。制度标准没有最终完善，企业没有形成系统的制度性风险管理流程，未能实现危险源辨识—风险分级管理—隐患排查治理的一套全系统工作机制。

（3）缺乏专业人士指导。在实际建设双重预防机制过程中，很多单位往往是上级部门层层发文，下级部门根据文件精神执行，形成上行下效的建设状态，然而具体措施和建设方法并不一定适合于每一个部门，造成执行层面的偏差。局方组织的解读和培训并不能满足一线需求，很多参加双重预防机制建设工作的人员未接受过系统的培训指导，对双重预防机制的认识较片面，风险隐患的辨识能力较差，单位安全管理人员的安全技能良莠不齐、安全素养有高有低，也无法准确对文件精神和要求进行落实。机制建设过程中，必须有专业人士对安全隐患和危险源进行明确的概念划分，对各部门人员进行风险管理全流程培训，以及风险管理与安全隐患排查治理融合培训。

（4）处在被动应对状态，双重预防机制建设效果差，没有将双重预防机制融入企业生产经营全过程，没有落实到全员安全生产责任体系中，在风险分级管控措施落实上，存在被动应付、走过场现象。在开展安全风险辨识评估时，管理者将风险辨识评估任务分配到各个部门，各部门又将工作分配给部分员工，由这些员工依据自身工作经验，各自辨识本部门存在的风险，然后将风险辨识结果转送安全管理部门进行简单汇总，最后经负责人签批后形成安全风险管理报告。这种安全风险管理过程过于形式化，没有进行充分动员和学习，没有做到全员参与，其辨识评估结果也就大打折扣。

（5）风险管理培训不足，员工的风险意识较差、风险辨识能力不足。部分人员风险意识较差，缺乏基本的安全常识，对潜在的风险经常存在侥幸心理。同时，他们对工作中的风险认识不足，辨识风险能力较差或根本不知道什么是危险源，更谈不上有效开展风险辨识。安全教育培训是企业的一项基础工作，是员工安全技能和素质提升的关键途径。企业安全培训分为公司级、部门级、班组级 3 个层级，主要培训内容为运行手册、设备操作规程、应急预案、法律法规等，但培训效果却差强人意。分析主要原因：一是单位涉及工种及设备种类较多，安全教育培训缺乏计划性和针对性；二是培训普遍流于形式，重视程度不足，导致基层员工风险意识不强，辨识风险的能力较弱，无法识别到真正的危险及有害因素，隐患排查不彻底、不全面。

二、建设双重预防机制的意义

思者虑远，远虑者安，无虑者危。现就风险分级管控、隐患排查治理的双重预防工作机制，推动事故管控关口前移，从安全隐患排查入手，从风险分级管控入手，谈谈在民航业开展双重预防体系建设的意义。

民航安全工作与公共安全直接相关，具有极其重要的政治和社会属性。公共安全是国家安全和社会稳定的基石，是经济和社会发展的重要条件，也是人民安居乐业的基本保证。公共安全建设对于构建和谐社会、全面建设社会主义现代化国家具有非常现实和深远的意义。

公共安全主要包括 4 个子领域：第一类是自然灾害；第二类是事故灾难，其中包括环境生态灾难和安全生产事故；第三类是公共卫生事件；第四类是社会安全事件，涵盖重大刑事案件、涉外突发事件、恐怖袭击事件、经济安全事件、大规模群体事件等。

在这 4 个子领域中，民航安全工作关乎第二类，也关乎第四类。由此可见，民航安全工作是公共安全的重要组成部分，具有非常重要的政治属性。同时，民航安全事关人民群众生命财产安全，备受社会关注，具有非常广泛的社会属性。民航安全工作始终处于"聚光灯"下，四川航空"5·14"事件中，刘传健机组凭借过硬的技术和作风，挽救了 119 名旅客的生命安全，创造了航空史上的奇迹，被媒体誉为"史诗级备降"，在国内外引起强烈反响，赢得广泛赞誉。相反，任何一个国家发生航空不安全事件，都会迅速成为全世界的新闻焦点。民航安全备受社会瞩目，每一个民航单位的一举一动，都代表着全行业的社会形象，乃至整个国家的国际形象。在"聚光灯"下，我们必须时刻保持兢兢业业、如履薄冰的心态，从严从实从细抓好各项安全工作，而双重预防机制的建设正是确保民航安全的一个重要途径。

确保民航工作"两个绝对安全"不仅是公共航空运输高质量发展的需要，更是支撑民航高质量发展、减少国家发展整体风险、服务国家总体安全大局的重要保障。深刻认识安全工作的政治属性和社会属性，持续推进双重预防工作的建设对于民航安全的保障至关重要。

除了政治属性和社会属性，民航安全工作还具有经济属性、业务属性和文化属性。其中，安全经济学认为，安全具有"拾遗补阙"与"本质增益"两大经济功能，即安全一方面能够减少事故、减轻损害、保护财产，减少负效益；另一方面能够保障劳动生产、维护经济增值过程，创造正效益。民航业作为现代基础交通运输产业，兼具基础性与营利性，对安全有着极高的要求。做好民航安全工作，将为行业谋发展、增效益奠定必要基础；一旦忽视安全工作，盲目追求经济利益，必将饮鸩止渴，自毁长城。由此可见，如何正确处理安全与发展、安全与效益的关系，尤为重要。

民航安全工作的业务属性体现在安全管理制度的规范化、常态化中。中国民航实行"两级政府、三级监管"的组织机构，安全监管业务覆盖全国各省、自治区、直辖市，强化从航空公司、机场、空管到机务维修、保障服务企业等全链条全闭环安全管理。坚持规章标准建设与时俱进，规章标准执行令行禁止，法律法规体系日益完善，执行监督体系严格规范，依法行政、遵章运行、安全生产成为主旋律，筑牢了民航安全生产的"防火墙"。

民航安全文化是指民航组织及其工作人员的安全意识、认知、价值观、行为准则等因素在组织和个人层面的集中反映。它是一种系统性的、社会性的、历史性的集体心态和行为模式体系，对民航业安全管理体系的运作起着重要的调节和支撑作用。只有形成了良好的安全文化才能够确保民航业的安全运行，提供安全可靠的服务。

构建"双防"就是针对安全生产领域"认不清、想不到"的突出问题，强调安全生产的关口前移，从隐患排查治理前移到安全风险管控。要强化风险意识，分析事故发生的全链条，抓住关键环节采取预防措施，防范安全风险管控不到位变成事故隐患、隐患未及时被发现和治理演变成事故。

三、我国民航双重预防机制建设现状

2016年，习近平总书记在中共中央政治局常委会会议上发表重要讲话，对全面加强安全生产工作提出明确要求，强调血的教训警示我们，公共安全绝非小事，必须坚持安全发展，扎实落实安全生产责任制，堵塞各类安全漏洞，坚决遏制重特大事故频发势头，确保人民生命财产安全。强调"对易发重特大事故的行业领域采取风险分级管控、隐患排查治理双重预防性工作机制，推动安全生产关口前移"。

2017年年初，为深入贯彻落实习近平总书记等中央领导同志对民航安全工作的重要指示精神，把"坚持民航安全底线，对安全隐患零容忍"的要求落到实处，全国民航工作会议暨航空安全工作会议要求，着力建立安全隐患零容忍长效机制，以"眼睛不容沙子"的态度，对任何安全隐患始终保持高度警觉，认真排查治理，不留死角盲区。5月，中国民用航空局航空安全办公室以管理文件的形式制定下发了《民航安全隐患排查治理工作指南》，用于指导民航企事业单位的安全隐患排查治理工作和民航局、民航地区管理局以及监管局的安全隐患排查治理监管工作。至此，安全隐患排查治理工作开始在民航业内广泛开展，双重预防机制建设也逐渐拉开序幕。从《民航安全隐患排查治理工作指南》中可以看出，安全隐患已经被定义为民航企事业单位违反安全生产法律、法规、规章、标准、规程和安全生产管理制度的规定，或者因其他因素在生产经营活动中存在可能导致不安全事件发生的物的不安全状态、人的不安全行为和管理上的缺陷。这与我们现在沿用的安全隐患定义基本保持一致。但当时，指南中仍将安全隐患定义为现实存在的危险源，或是一个或多个危险源导致的综合性结果。排查安全隐患后应深入分析和识别与该隐患相关的危险源，并开展风险评估、控制工作。虽然该指南中强调应建立安全隐患与危险源之间的作用路径以及在系统内的影响路径，将风险管理作为安全隐患治理的重要基础和手段，但由于缺乏具体工作措施，企事业单位在执行过程中往往流于形式，排查出的安全隐患整改记录简单，未关联相关危险源。

2019 年，为贯彻落实党中央、国务院关于民航安全工作重要指示批示精神，民航局编制下发了《民航安全隐患排查治理长效机制建设指南》，着力从长效机制建设角度，系统梳理了民航安全隐患排查治理的概念、流程、方法和要求，为民航生产经营单位依法建立安全隐患排查治理机制、民航行政机关建立相应监管机制提供指导。其中，2019 版指南引用我国的安全管理理论将危险源划分为两大类，即第一类危险源和第二类危险源。第一类危险源为：系统中存在的、可能发生意外释放而导致不安全事件的能量或有害物质，如能量载体、压力容器、危险物质等。第二类危险源为：可能导致能量或有害物质的约束或限制措施失效或破坏的不安全因素，如安全生产管理制度、人员操作、设备设施、运行环境、生产工艺等。而指南中将危险源定义为：可能引发或促成事故、事故征候或其他不安全事件的状况或物品，包括制度程序、职责、人员、设备设施/物品、落实、监督检查、运行环境、实施效果等方面的内容。将安全隐患定义为：风险管理过程中出现的缺失、漏洞和风险控制措施失效的环节，包括可能导致不安全事件发生的物的危险状态、人的不安全行为和管理上的缺陷。同时，指南中也明确指出了民航生产经营单位应建立安全隐患排查治理和风险管理的双重预防机制。首先，全面开展风险管理工作，通过系统工作分析、变更风险管理等方式识别和控制日常运行中的危险源；其次，在此基础上，针对风险管理过程中出现的缺失、漏洞和风险控制措施失效的环节，通过安全保证环节开展安全隐患排查治理，实现把风险控制在隐患形成之前、把隐患消灭在事故前面。但当时，第二类危险源和安全隐患的定义极为相似，导致民航企事业单位在开展风险管理和安全隐患排查治理工作时，无法有效区别和联系两项工作。两项工作的表单中记录的信息十分相似，导致工作开展质量不高，甚至受属地监管局的监管工作影响，仅实际开展其中一项工作，无法真实反映单位安全运行水平，对单位下一步安全工作开展的指导意义不足。

2022 年，为贯彻落实 2021 年 6 月 10 日第十三届全国人民代表大会常务委员会第二十九次会议中第三次修正的《中华人民共和国安全生产法》，明确双重预防机制在民航安全管理体系（SMS）内的相关定义，以及基本逻辑关系、功能定位和运转流程，推动 SMS 与双重预防机制的有机融合，更加有效地防范化解安全风险，结合近几年风险管理和安全隐患排查治理工作实际，民航局编制下发了《民航安全风险分级管控和隐患排查治理双重预防工作机制管理规定》。这是民航局首次以咨询通告的形式列明双重预防工作管理规定。该规定适用于中华人民共和国境内依法设立的建有 SMS 的民航生产经营单位开展的安全风险分级管控和隐患排查治理工作，及民航行政机关相关监管活动。其他民航生产经营单位应作为构建安全管理等效机制的重要参考参照执行。该规定点明了区分危险源和隐患的重要性及必要性，注明了虽然国际民航组织在 Doc9859《安全管理手册》中使用 Hazard 代指危险源，并另外提出了"不遵守规章、政策、流程和程序的情况"，以及"防范措施"中的"弱点"（Weakness）或"缺陷"（Deficiency）与国内关于"隐患"的定义相符，但 Doc9859《安全管理手册》中未在定义部分将这些定义为"隐患"，从而造成一些单位容易在危险源识别和隐患排查中出现概念混淆、记录混乱等问题。同时，该规定取代了《民航安全隐患排查治理长效机制建设指南》，不再使用"一类危险源、二类危险源"的表述，直接表述为"安全隐患"。安全隐患为民航生产经营单位违反法律、法规、规章、标准、规程和安全管理制度规定，或者因风险控制措施失效或弱化可能导致事故、征候及一般事件等后果的人的不安全行为、物的危险状态和管理上的缺陷。按危害程度和整改难度，分为一般安全隐患和重大安全隐患。最后该规定中将危险源定义为：可能导致民用航空器事故（以下简称"事故"）、民用航空器征候（以下简称"征候"）以及一般事件等后果的条件或者物体。

2024 年全国民航工作会议上，局长再次强调民航各单位需深入推进"安全风险分级防控和隐患排查治理双重预防机制"与安全管理体系有机融合，持续提升系统安全管理效能。从上述指示批示精神中可以看出，双重预防机制是保障安全生产的重要机制，是防范化解重大安全风险、遏制重特大事故的有效手段，也是推动安全生产管理向事前预防转型的重要途径和根本方法。

由上述关于"双重预防机制建设"的民航规章和领导重要讲话中可以看出，双重预防机制已经成为我国民航安全管理中的重要一环。但在民航深度推进双重预防机制建设过程中，仍出现了建设目标不够明确导致管控措施不具体、建设产生的效能不易评估导致工作开展能动性不足、通航企事业单位建设双重预防机制进展缓慢等问题。下文列举了行业近年发生的一些典型事例，以客观分析我们在推进双重预防机制建设时面临的困难与挑战。

（一）建设目标较为宽泛，管控措施不具体

2023 年 4 月 18 日，A 航空××8983（长沙—扬泰）航班与 B 航空××3151（扬泰—成都天府）航班在 C 管制区发生小于规定间隔事件，两飞机触发 TCAS TA 告警，C 机场起飞线塔台管制员指挥 A 航空飞机进行避让，后两机恢复保持规定间隔，该事件构成一起机场民航管制责任原因的运输航空一般征候。经调查，该事件是起飞线塔台民航管制席管制员未严格遵守规章要求使用飞行进程单，将 A 航空××8983 航班3 900 米高度误认为 3 300 米，错误发出下降高度指令；主任席（监控席）管制员因更换跑道预先准备工作需要，离开前往另一侧起飞线塔台，将该席位职责移交给通报协调席；通报协调席管制员因协调工作量大，未能履行好移交过来的监控席职责，未及时发现该错误指令，最终导致该航班与同航线上 3 600 米高度相对飞行的 B 航空××3151 航班发生冲突，小于规定间隔。调查还发现，机场不停航施工、军民航同场运行、更换跑道、管制环境复杂等情况造成管制员工作负荷较大也是导致此次事件发生的又一因素。

2020 年以来，所属地监管局按照年度监察计划对 C 机场空管运行开展行政检查 15 次，下发整改通知书 13 份，均完成整改闭环。虽然监管局已识别出 C 起飞线塔台运行风险并提出了相关工作要求，C 机场也进行了手册修订，制定了风险防控措施。但由此次事件可以看出，机场风险识别工作中场景分析不够全面、管控措施不到位，主要表现在以下方面。

（1）随着航班量的持续增加，以及其他用户活动的限制，机场塔台管

制员不仅要负责本场航班的地面运行，还要负责空中航班的进近离港调配和空域内飞越的航班指挥，工作负荷和管制压力已然较大，再叠加近期本场不停航施工带来的运行影响，运行风险显著增加。该事件发生时，正值跑道方向变更，过渡阶段需要本侧起飞线塔台和民航塔台维持正常运转，还需要民航管制员提前前往另一侧起飞线塔台执行设备调试等准备工作，产生了更多的人力需求。在起飞线放单管制员有限的情况下，主任席（监控席）管制员离开前往另一侧起飞线塔台，更加重了机场管制席和通报协调席的负荷。虽然在起飞线塔台启用时更换跑道并不常见，但也时有发生，而 C 机场对于此类运行场景的分析不够全面，风险识别不够到位，工作程序不够完善，对起飞线运行模式下更换跑道时管制员的工作负荷缺乏评估，没有配备足够的人力或采取其他有效的措施来应对此类复杂的局面。

（2）C 机场 2022 年 5 月发现了"飞越进程单填写有遗漏""低运行量下的管制技能生疏"的隐患，当月制定措施关闭了该隐患，但未持续监控隐患整改工作，内部日常检查中对于进程单使用填写规范的检查不到位。

（二）建设效能不易评估，推进力度无法持续

2024 年 2 月 22 日，Z 航空一架 A319 飞机执行××9918 绵阳—拉萨航班，在拉萨机场 28R 跑道着陆滑跑过程中向左偏出跑道边线，前起落架刮碰 2 个跑道边灯。事件造成两个跑道边灯受损，航空器未受损，无人员受伤，构成一起运输航空严重征候。经调查，事件发生时拉萨机场存在大风乱流天气，飞机在着陆及滑跑过程中风向风速瞬间存在较大变化，跑道中段侧风突变、高高原空气稀薄降低了方向舵效应，高高原大地速延迟了前轮偏转介入方向控制的时机，加之高高原缺氧和昏暗的光照环境影响了飞行机组外界感知能力和偏差修正能力，上述因素综合影响导致飞机偏出跑道边线。

该航空公司在 2022 年发生一起运输航空一般事故，且公司为 2023 年度四川地区重点监管单位。所属地监管局、管理局对公司开展了多次"四不两直""下沉式"行政检查，采取文件审查、现场检查、人员访谈等方式，

结合 FSOP 系统检查单，对公司的飞行人员培训和资质管理、人员作风建设、手册完善性等方面进行不留死角的检查。检查组秉持"严"的作风，对检查内容进行逐一对标。在这样高压的安全监管下，Z 航空本应更好地推动双重预防机制建设，消除安全隐患，管控运行风险。但仅仅一年，又出现了一起运输航空严重征候，背后原因值得我们思考。

双重预防机制建设是一项复杂的系统性工程，在推动过程中，公司需要有效结合开展的安全检查、内部审核、内部评估、事件调查、安全信息分析等安全保证工作，探究安全隐患后存在的危险源，管控安全风险。但在实际运行过程中，建设效能往往不易评估，建设的成效也无效直接呈现，在公司安全运行形势出现波动时，不成体系的安全工作就会变成"头痛治头、脚痛治脚"的治疗方式，导致公司在此过程中出现疲于应付、能动性下降的情况。此次调查中发现，公司已得出"夜航超限事件总量高于昼间""夜航三大风险类型事件量高于昼间"的结论，对夜航风险予以专门关注与管控。但事发当日飞行前，多次气象预报预警已表明航班抵达拉萨机场时，拉萨机场应处于夜航大风边缘天气条件下，公司本应采取措施管控风险。但在机组排班时，航班第二机长长时间中断高高原运行，2 月初才恢复拉萨运行资质，虽然资质符合要求，但经验与能力明显与事发当日较高的运行风险不匹配。公司未根据实际情况及时做出人员调配，保证有足够实力的机组执行航班。在运行支持方面，在航班进入拉萨区域时风向风速仍处于公司运行标准边缘，且可预判飞机如果进近，可能遭遇较强阵风的情况下，公司未及时给机组提供支持，而是仅由机组实施决策。上述情况均反映出公司在处理安全与效益、安全与发展的关系上存在的普遍问题。由于双重预防机制建设无法直接产生具体的经济效益或社会效应，公司无法准确评估建设效能，也无法持续保障推进力度。

（三）通航企事业单位安全管理存在短板，双重预防机制建设进度缓慢

2020 年 9 月 26 日，某通航 AS350B3 直升机执行阿坝—绵阳临时转场

飞行任务，直升机在阿坝州黑水县附近挂高压线坠毁，机上 3 人死亡，造成一起通用航空较大事故。局方对涉事企业未建立安全隐患清单等问题采取行政处罚措施。调查发现，此次事故发生的最大可能原因是事发前天气阴、光照条件较差且有毛毛雨，机组在沿河谷目视飞行过程中未及时从周围深绿色山体背景中发现并避开横跨河谷的高压线，导致直升机挂碰高压线，随后失控跌落与山体相撞。

回顾此次事故，在直升机挂线撞山前，公司运行副总多次嘱咐机长关注天气条件，一定要保证安全，不要有任何冒险。机长也根据降雨分布图制定了绕飞路线，并随时关注天气变化。看似公司从上至下都将安全放在首位，但事实真的是这样吗？本次转场任务为临时确定，公司及其相关运行人员缺乏高高原地区转场运行经验。此前，公司执行阿坝州政府应急救援保障任务后，准备地面转运该机，后因道路维修临时封闭，公司临时决定于 9 月 26 日转场调机至北川临时起降点，再地面转运至浙江。事发当天，公司申请的航线高度为真高 300 米，而直升机剐碰的高压线离地面高度约为 290 米，且高压线上并无航空警示标志球，可以看出，这是危害运行安全的重大安全隐患。但由于公司在安全管理上主体责任落实不到位，事情发生在 2020 年 9 月，公司的安全隐患排查机制为 2017 年修订，没有根据当时有效的指南要求及时更新修订安全隐患排查机制。并且公司没有更新安全隐患清单，对于本次转场任务开展的安全隐患排查工作存在明显漏洞，未能充分采取有效措施切实消除安全隐患，并且风险评估不足，缺少风险管控措施，致使运行中存在重大风险。最终，此次事故就像墨菲定律描述的那样，任何可能出错的事情最终都会出错，事故的发生是不可避免的。

四、构建双重预防机制亮点单位与做法

2016 年 1 月习近平总书记在中共中央政治局常委会上提出：必须坚决遏制重特大事故频发势头，对易发重特大事故的行业领域采取风险分级管控、隐患排查治理双重预防性工作机制，推动安全生产关口前移，加强应急救援工作，最大限度减少人员伤亡和财产损失。

构建"双重预防机制"就是针对安全生产领域"认不清、想不到、管不好"的突出问题，强调安全生产的关口前移，从隐患排查治理前移到安全风险管控。要强化风险意识，分析事故发生的全链条，抓住关键环节采取预防措施，防范安全风险管控不到位变成事故隐患、隐患未及时被发现和治理演变成事故。

构建双重预防机制，需要弄清楚 4 个问题：是什么？为什么？干什么？怎么干？是什么：全方位、全过程的安全管理；为什么：事前预防；干什么：识别危险源、管控风险、排查治理隐患；怎么干：有组织、有系统、有规范。他山之石，可以攻玉。笔者在这里介绍国内某航司、空管单位的好经验、好做法，特别是对如何与 SMS 融合、职责划分等方面进行详细介绍，旨在进一步开阔视野、寻找差距，提升工作能力和水平，推动双重预防机制工作再上新台阶。

（一）某运输航司双重预防机制做法

1. 明确在 SMS 中的定位

双重预防机制的第一重预防机制——安全风险分级管控，对应民航 SMS 的第二大支柱——安全风险管理，本质相同。

双重预防机制的第二重预防机制——安全隐患排查治理，属于民航安全管理体系的第三大支柱——安全保证的一部分。安全隐患排查同时也是获取安全绩效监测数据的一种方式，并且可能发现新的危险源。

2. 明确各级职责

1）负责人职责

（1）主要负责人职责。

① 在 SMS 框架内组织建立并落实双重预防机制，督促、检查本单位的安全生产工作，及时消除安全隐患。

② 为双重预防机制提供必要的资源。

③ 总体掌握公司双重预防机制实施情况。

④ 针对公司重大危险源、重大风险、重大安全隐患，组织相关部门制

定风险控制措施及专项应急预案。

（2）公司分管负责人职责。

① 按照"三管三必须" 的原则对职责范围内的双重预防机制工作负责。

② 为职责范围内的双重预防机制提供必要的资源。

③ 总体掌握职责范围内的双重预防机制实施情况。

2）航空安全监察部职责

（1）组织或参与拟定并完善公司双重预防机制。

（2）组织各部门开展危险源识别、风险分析和评价分级，拟定或组织其他业务部门拟定相关风险控制措施，督促落实公司重大危险源、重大安全风险、重大隐患的安全管理措施。

（3）对重大危险源（如适用）专门登记建档，进行定期检测、评估、监控，并制订应急预案，告知从业人员和相关人员在紧急情况下应采取的应急措施。将重大危险源相关情况报所在地人民政府应急管理部门和所在地监管局备案，抄报所在地地区管理局。

（4）指导监督各部门开展双重预防机制相关工作。

（5）检查公司的安全生产状况，及时排查安全隐患，提出改进安全生产管理的建议。

（6）牵头组织开展公司级双重预防机制相关培训。

（7）如实记录安全隐患排查治理情况，并按要求向上级单位报送，通过 SQMS 平台等方式向从业人员通报。

3）其他部门职责

（1）生产运行部门。

按照"管行业必须管安全、管业务必须管安全、管生产经营必须管安全"的原则，履行 SMS 管理体系相应职责，并按规定独立开展危险源识别，风险分析和评价分级，以及拟定风险控制措施，及时排查治理职责范围内的安全隐患。向部门所有人员如实告知作业场所和工作岗位存在的危险因素、防范措施及事故应急措施（危险因素包含危险源和安全隐患）。

（2）支持管理部门。

按照"管行业必须管安全、管业务必须管安全、管生产经营必须管安全"的原则，履行 SMS 管理体系相应职责，并按规定参与开展危险源识别，风险分析和评价分级，以及拟定风险控制措施，及时排查治理职责范围内的安全隐患。

4）员工职责

严格执行公司及部门安全生产、安全管理制度和操作规程，发现安全隐患或者其他不安全因素，应当立即向现场安全管理人员或者部门报告。

5）工会职责

公司各级工会发现安全隐患时，有权提出解决的建议。

6）外包方/外委单位的监管职责

公司生产经营项目、场所和设备发包或出租给其他单位的，可能危及对方生产安全的，各外委业务主管部门应与承包、承租等外包方签订安全生产管理协议，或者在外委合同/协议中约定各方安全风险分级管控和隐患排查治理的管理职责。

公司各外委业务主管部门对承包、承租等外包方的安全生产工作负有统一协调、管理的职责。各外委业务主管部门详见《质量管理手册》相关要求。

7）同一作业区域的监督职责

在同一作业区域内存在两个以上生产经营单位同时进行生产经营活动，可能危及对方生产安全的，相关部门应当签订安全生产管理协议，明确各自安全生产管理职责、安全风险管控措施和安全隐患治理措施，并指定专职安全管理人员进行安全检查与协调。

民用机场等特定运行场景下另有规定的，从其规定。

3. 安全风险分级管控

1）风险管理的过程

（1）系统与工作分析。

风险管理始于系统设计。系统由组织结构、过程和程序，以及完成任务的人员、设备和设施等系统要素构成。系统需文件化，但没有特定的格式要求。系统文件一般包括公司的手册系统、检查单、组织机构图和人员岗位说明等。

系统与工作分析可基于系统描述开展，应充分说明系统要素和流程目标，并详细到足以识别危险源和进行风险分析。

（2）危险源识别方法。

综合使用被动和主动的方法，识别与其航空产品或服务有关、影响航空安全的危险源，描述危险源可能导致的事故、征候以及一般事件等后果，从而梳理出危险源与后果之间存在可能性的风险路径。危险源信息是可追溯的，并能被记录下来，在整个风险管理过程中始终能被管理。

被动式方法：通过对已经发生的不安全事件进行调查分析，识别危险源。不安全事件的发生表明系统存在缺陷，可通过分析确定导致不安全事件的危险源。

主动式方法：通过收集分析各类安全数据，分析、识别危险源。用于主动识别危险源的安全数据主要来自飞行数据、安全报告信息、安全检查信息、外部安全信息等。

（3）风险分析和评价。

风险分析和评价是在危险源现有的风险控制措施和可能的触发机制下，从运行角度预估该危险源触发导致不利后果的可能性和严重性，并判断风险可接受性的过程。

$$风险值 = 可能性（P）\times 严重性（L）$$

危险源的风险等级分为不可接受、缓解后可接受和可接受 3 个等级。

（4）风险控制。

危险源识别、风险分析和评价后，对风险处于不可接受或缓解后可接受的危险源，应制定风险控制措施对风险进行控制，将安全风险降低至一个合理的可接受的水平。具体的控制措施：暂停运行、降低风险可能性或后果的严重程度、将风险直接消除。

各部门应当制定具备可操作性的安全风险控制措施，并明确措施的落实和跟踪责任，安全风险控制措施的要素包括但不限于以下方面：① 安全风险控制措施的具体内容。② 落实和跟踪的责任部门及人员。③ 人员、资金等方面的资源需求（如需）。④ 实施时限。⑤ 评估标准。

各部门应当从"人、机、环、管"等方面系统化制定安全风险控制措施。措施具体内容包括但不限于以下方面：① 制定或修订政策、程序、标准和指南。② 更新设备或加强维护。③ 完善或细化人员资质要求，强化人员培训。④ 改善作业环境。⑤ 完善跨部门程序接口和协调沟通等。

各部门应当在制定安全风险控制措施时考虑以下因素：① 成本/效益。安全风险控制措施所需要的投入及其可能带来的安全收益。② 可行性。安全风险控制措施在现有的人员、技术、经费、管理、法律和规章等方面是否可行。③ 持久性。安全风险控制措施能否产生长期效能。④ 剩余风险。在实施了风险控制措施后，是否存在未能完全消除的风险。⑤ 衍生风险。是否由于实施安全风险控制措施而产生了新的问题或新的安全风险。

如果安全风险控制措施经验证有效且需长期实施的，应当纳入相关手册或制度程序中。风险控制措施必须经过评估验证相关要求已被满足并与运行环境相适宜。风险控制措施实施后应进行追踪和验证并对剩余风险进行评价。同时，根据风险等级的高低，通过合理决策来分配有限资源，将安全措施优先应用到风险最高的危险源上，防止给公司带来更大的损失。在确定风险控制措施时应对衍生风险进行评价。

（5）持续监控。

各部门应当落实安全风险控制措施，跟踪验证措施的落实情况和效果，并通过安全保证持续监测安全风险管理的有效性。

（6）数据分析。

各部门应当定期对危险源库/清单信息进行数据分析，以发现共性或趋势性问题，并将危险源分析结果综合应用到发动机监控、技术训练等方面，以持续提升风险防控水平。危险源分析可结合安全信息分析、安全趋势分析、管理评审等工作开展。

4. 安全隐患排查治理

1）安全隐患排查方式

排查方式包括但不限于安全信息报告、法定自查、安全审计、安全监察、事件调查、SMS 审核以及配合行政检查等，也可以利用 SHEL 模型、人为因素分析与分类系统（HFACS）、失效模式与影响分析（FMEA）等分析模型排查。

2）安全隐患排查频次

安全隐患排查治理应与日常、专项安全管理工作，安全作风建设相结合，各部门至少每月开展一次。

3）安全隐患排查范围

安全隐患排查方式中涉及的所有工作内容。

4）安全隐患排查情形

（1）如排查发现重大安全隐患，责任部门应按照重大安全隐患排查治理的要求进行治理。

（2）如排查发现一般安全隐患，责任部门应当按照一般安全隐患排查治理的要求进行治理。

（3）如排查中发现潜在的危险源，责任部门应回溯到系统描述进行定位和梳理，适时启动风险管理流程识别危险源并管控相关风险。

（4）如评估发现的问题不属于上述任何一类，责任部门应制定措施进行缓解、消除，采取立即整改或限期整改的方式予以纠正，实现闭环管理。

5）安全隐患的致因分析

（1）风险控制措施失效或弱化的判定。

① 风险控制失效或弱化的判定需要考虑发现的安全隐患是否关联危险源。

② 当发现的安全隐患不关联危险源时,则不涉及风险控制措施失效或弱化,需要判定是否为重复性违规违章或其他违规违章。

③ 当发现的安全隐患关联危险源时,需要对危险源已有的风险控制措施进行审查。若该安全隐患是由于已有的风险控制措施存在失效或弱化而

产生的，则判定为风险控制措施失效或弱化。若该安全隐患的产生与危险源已有的风险控制措施无关，则需要判定是否为重复性违规违章或其他违规违章。

（2）重复性违规违章的判定。

当发现因为违规违章被确定安全隐患时，根据其可能导致的不安全事件等级和对应发现周期来判定是否属于重复性违规违章类安全隐患。符合以下条件的应判定为重复性违规违章，如表 2-1 所示。

表 2-1　重复性违规违章判定标准

关联的不安全事件等级	判定条件
关联的不安全事件等级达到航空安全一般差错的安全隐患	3 个日历月内重复发生，且关联同一类型的一般差错事件，应判定为重复性违规违章
关联的不安全事件等级达到航空安全严重差错的安全隐患	6 个日历月内重复发生，且关联同一类型的严重差错事件，应判定为重复性违规违章
关联的不安全事件等级达到航空安全一般征候及以上的安全隐患	12 个日历月内重复发生，且关联同一类型的一般征候及以上事件，应判定为重复性违规违章

各部门根据实际业务，视情建立部门层级的重复性违规违章判定标准。

6）一般安全隐患治理与效果验证

（1）通过安全信息报告、法定自查、安全审计、SMS 审核以及配合行政检查等各种方式发现潜在的危险源，应回溯到系统描述进行定位和梳理，适时启动风险管理流程识别危险源并管控相关风险。

（2）对于排查出来风险控制措施失效或者弱化产生的一般安全隐患，治理过程应回溯到风险控制环节对已有的风险控制措施进行审查和调整；对于涉及组织机构、政策程序调整、资源配置等需要 3 个月及以上时间的整改措施，责任部门应当采取经评估的临时性等效措施将安全风险控制在可接受范围内。且上述风险控制措施制定后，应当重新回到系统描述，按需开展变更管理，并分析和评价剩余风险，确保其处于可接受水平。

（3）对于暂未关联到已有风险控制措施、因违规违章等情况被确定的安全隐患，如涉及重复性违规违章行为，回溯到系统描述环节进行梳理，并按需启动安全风险管理。

如不属于重复性违规违章，可立即整改并关闭；不能立即整改关闭的，整改措施实施 3 个月及以上时间的，责任部门应当采取经评估的临时性等效措施管控。由于受该安全隐患影响而可能失控的风险，且在整改措施实施完成前要针对临时性等效措施的有效性开展不少于 1 次评估。

（4）各部门可以通过采取持续监察、再次评估、制定安全绩效指标等方法对隐患的效果进行验证。各部门效果验证应注意以下问题：

① 措施落实应有客观事实证据。

② 措施落实内容应与既定措施内容严格一致，不能漏项。

③ 措施完成时限应符合既定时间节点。

④ 严格区分整改措施落实和治理效果实现，不能将整改措施落实等同于安全隐患治理达到了预期效果。

⑤ 整改措施落实完成后应持续监测治理效果 1 到 2 个月。如遇特殊情况需要延长效果监测的，应取得部门主管同意，并向航空安全监察部备案后，视情况进行延长，但总持续监测时间最多不超过 6 个月。超过 6 个月的，按"一事一议"执行。监测时间到期后应在 3 日内进行评估验证。如验证效果已达标，则应立即关闭；如发现未达到治理效果，应立即调整整改措施，进行重新治理。

7）重大安全隐患治理

（1）航空安全监察部根据公司主要负责人要求，组织责任部门制订治理方案，落实责任、措施、资金、时限和应急预案，并督促责任部门实施治理，消除重大隐患。

（2）重大安全隐患的治理过程中，责任部门应回溯到系统描述进行梳理，并启动风险管理。

（3）航空安全监察部应持续监督重大安全隐患治理过程，确保闭环，并及时向安委会汇报治理进度。

（4）针对被上级单位责令局部或者全部停产停业的，完成重大安全隐患治理后，责任部门应就恢复生产运行向航空安全监察部提出书面申请。航空安全监察部应当组织技术人员和专家，或委托具有相应资质的安全评估机构对重大安全隐患治理情况进行评估；确认治理后符合安全生产条件，航空安全监察部应向所在地监管局提出书面申请（包括治理方案、执行情况和评估报告），经审查同意后方可恢复生产经营。

（二）某通航单位双重预防机制做法

1. 明确双重预防机制在风险防控上的要求

建立安全隐患排查治理和风险管理的双重预防机制。首先，全面开展风险管理工作，通过系统工作分析、变更风险管理等方式识别和管控日常运行中的危险源。其次，在此基础上，针对风险管理过程中出现的缺失、漏洞和风险控制措施失效的环节，通过安全保证环节开展安全隐患排查治理，从而把风险控制在隐患形成之前、把隐患消灭在事故前面。

根据有关法律法规、规章的要求和自身的承诺，按照《民航安全风险分级管控和隐患排查治理双重预防工作机制管理规定》（航规〔2022〕32号）要求，明确风险的可接受水平，确定危险源等级、建立风险矩阵并制定风险控制措施，注重安全风险分级控制措施的落实和其有效性评估的过程。实际运行中，通过风险和隐患对物与状态的特定甄别要素，实现准确控制不利于安全运行的因素。

各部门可参考图 2-1、图 2-2 建立双重预防机制，妥善处理安全隐患排查治理与风险管理的关系。

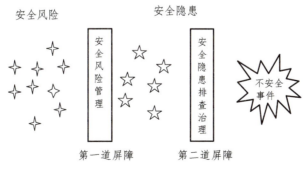

图 2-1　风险管理与隐患排查治理的关系

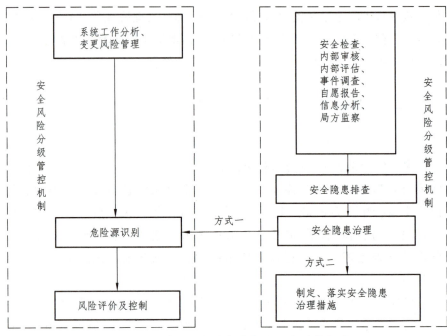

图 2-2　风险管理与隐患排查治理的融合方式

2．明确各级职责

1）风险管理

（1）公司的主要负责人是本单位安全生产第一责任人，对本单位安全生产工作全面负责，在 SMS 框架内组织建立并落实双重预防机制，督促、检查本单位的安全生产工作，及时消除安全隐患。

（2）其他负责人（分管领导）按照"三管三必须"的原则对职责范围内的安全风险分级管控工作负责。

（3）公司安全管理部门（安监或安质）负责组织开展危险源识别、风险分析和评价分级，拟订或组织其他业务部门拟订相关风险控制措施，督促落实本单位重大危险源、重大风险的安全管理措施；检查本单位的安全生产状况，及时排查安全风险，提出改进安全生产管理的建议；如实记录本单位安全风险识别管控情况，并向从业人员通报。

（4）公司各部门、分公司按照"三管三必须"的原则，履行民航生产经营单位内部管理规定的相应职责，并按规定参与或独立开展危险源识别，风险分析和评价分级，以及拟定风险控制措施，及时排查治理职责范围内的安全隐患。

（5）公司其他岗位人员应当严格执行公司和部门的安全生产、安全管理制度和操作规程，发现安全隐患或者其他不安全因素，应当立即向现场安全管理人员或者本部门负责人报告。

（6）公司生产经营项目（业务）、场所发包或者出租给其他单位的，可能危及对方生产安全的，应当与承包、承租单位签订安全生产管理协议，明确各方对安全生产风险分级管控和隐患排查治理的管理职责。公司结合项目、业务对承包、承租单位的安全生产工作负有统一协调、管理的职责。

（7）公司层级风险评估工作，由安委会办公室负责组织公司危险源的识别，并记录在"××通航危险源库"××上，经过认真分析与讨论，对重大危害提出控制风险因素方案，报安委会、党委批准实施。

（8）各部门层级风险评估工作，由所在部门第一安全负责人组织本部门的危险源的识别。当发现危险源时，应该填写"危险源填报表"，向所属部门报告，经过认真分析，由部门记录在"××通航危险源库"上，有针对性地提出措施，讨论后实施，上报安委会备案。对于重大风险应第一时间报公司安委办。

（9）安监部组织对各部门提交的危险源（红区）和跨专业、部门的危险源开展风险管理工作；其他危险源由各部门评估、管理。各部门应建立"××通航危险源库"，对危险源进行有效的管理，保存风险管理记录直到相关的运行终止。

（10）公司安委会负责批准重大危险源的管理方案，并对实施管理方案进行二次评估、控制管理。

（11）各安全管理部门应持续根据本部门的活动过程，分析其中对运行安全产生影响的危险因素并进行登记上报，对已得到控制的可不再列入危险因素。

2）安全隐患排查治理

（1）公司主要负责人。

① 领导公司安全隐患排查治理工作，是公司安全隐患排查治理第一责任人；对公司安全生产工作全面负责，在 SMS 框架内组织建立并落实双重

预防机制，督促、检查本单位的安全生产工作，及时消除安全隐患。其他负责人按照"三管三必须"的原则对职责范围内的安全风险分级管控和隐患排查治理工作负责。

② 建立本单位安全隐患排查治理工作机制，包括组织机构、工作职责、制度程序等。

③ 落实安全隐患排查治理所需资金、物资和人员等必要的资源。

④ 组织本单位开展日常安全隐患排查治理工作。

⑤ 组织开展安全隐患宣传教育和培训，确保各级各类员工掌握职责范围内的安全隐患。

⑥ 组织制定和实施重大安全隐患治理措施。

⑦ 对安全隐患排查治理工作落实不力的单位和个人实施问责。

⑧ 总体掌握本单位（部门）的安全隐患及治理情况。

（2）分管安监部领导。

① 负责组织开展分管范围内的安全隐患排查治理工作。

② 批准上报局方的《安全隐患清单》和安全隐患工作月报。

③ 批准一般安全隐患的治理方案。

④ 掌握分管范围内的安全隐患及治理情况。

（3）其他分管领导。

① 负责组织开展分管范围内的安全隐患排查治理工作。

② 掌握分管范围内的安全隐患及治理情况。

（4）安全监察部。

安全管理部门负责组织开展危险源识别、风险分析和评价分级，拟订或组织其他业务部门拟订相关风险控制措施，督促落实本单位重大危险源、重大风险的安全管理措施；检查本单位的安全生产状况，及时排查安全隐患，提出改进安全生产管理的建议；如实记录本单位安全隐患排查治理情况，并向从业人员通报。

（5）公司各运行部门。

其他部门按照"三管三必须"的原则，履行民航生产经营单位内部管理规定的相应职责，并按规定参与或独立开展危险源识别，风险分析和评价分级，以及拟定风险控制措施，及时排查治理职责范围内的安全隐患。

掌握本部门的安全隐患；按要求对隐患排查治理情况进行记录和报告。

（6）从业人员。

公司安全从业人员应当严格执行本单位的安全生产、安全管理制度和操作规程，发现安全隐患或者其他不安全因素，应当立即向现场安全管理人员或者本单位负责人报告。

（7）工会。

公司工会发现安全隐患时，有权提出解决的建议。

（8）外包方的监管职责。

公司生产经营项目、场所发包或者出租给其他单位的，可能危及对方生产安全的，公司应当与承包、承租单位签订安全生产管理协议，明确各方对安全生产风险分级管控和隐患排查治理的管理职责。公司业务、专业对口部门对承包、承租单位的安全生产工作负有统一协调、管理的职责。

3. 风险管理

1）启动时机

（1）系统、组织和服务产品的初始设计等新项目运行前，新项目包括但不限于：

① 新飞机引进、新系统设计。

② 新系统开发及投入使用、新产品/服务。

（2）当训练条件发现变化时：

① 新增训练科目、空域、航线、特殊科目训练。

② 开设新的运行基地、训练机场。

③ 转场航线改航、空域发生调整等变更。

④ 其他条件变更可能影响运行安全时。

（3）制定重要运行程序时：

① 新的运行项目、重大运行项目更改。

② 重要管理流程或程序的制定和变更。

③ 安全保证识别出危险源时。

④ 重大的组织机构或人员调整、重要运行项目变更、重要设备变动。

⑤ 不安全事件及违规出现增长趋势时。

⑥ 其他需要启动风险管理评估情形。

2）系统和工作分析

（1）在系统和工作分析时运用"SHEL 模型"来系统性地评估硬件、软件、人员和环境及其相互之间的影响，梳理系统的组织机构及职责、工作流程、文件记录及与相关部门间的业务接口等，从而识别系统和工作运行中存在的主要安全质量控制点和影响因素，确定各系统的主要工作及其相应的工作流程，明确对各项工作的管理要求。系统和工作分析是一个持续完善的过程，是危险源识别的基础和前提。

（2）分析范围。

① 公司至少要对飞行运行、运行控制、维修、地面服务、安保、飞行培训等系统以及他们之间的相互关系进行分析。

② 系统和工作分析层级应至少详细到足以识别潜在危险源的程度。

（3）分析流程。

① 收集材料，如手册、工作程序、岗位说明书和操作手册等。

② 通过组成系统的子流程，将活动进行层级分解；通过分析找出流程关键环节、接口程序等。

（4）考虑因素。

① 各系统之间的交联作用。

② 各专业领域之间的交联作用及接口流程。

③ 环境因素对系统造成的影响。

3）危险源来源和识别

（1）危险源的来源。

组织机构识别危险源的数据来源：

① 正常的运行监控方案：飞行品质监控、机长报告书和持续运行信息。

② 自愿和强制报告系统：建议、报告。

③ 安全调查：不安全事件调查报告。

④ 安全审计：公司安全审计报告。

⑤ 培训的反馈：培训体系、训练体系。

外部数据来源：

① 局方发布的安全信息通报等。

② 行业事故报告：政府部门/局方发布的航空事故报告。

③ 国家强制性不安全信息报告系统：中国民用航空安全信息网。

④ 国家的自愿报告系统：航空安全自愿报告系统（SCASS）。

⑤ 局方的检查审计：局方的检查审计报告。

⑥ 信息交流：安全状态信息发布、风险案例分析等。

（2）至少应在下列情况出现时对危险源进行识别：

① 内部出现不安全事件时。

② 适用于公司外部的不安全事件信息。

③ 安全运行检查、内部审核、第三方审核、管理评审等发现安全隐患或不合格项时。

④ 出现"风险管理启动时机"中的情况。

（3）识别方法。

在系统和工作分析的基础上，根据公司各运行系统流程的特征及安全管理体系反馈机制的输入，公司采用下列 3 种方法实施危险源识别：

① 目标推导法。

在公司的实际运行过程中，各类因素会造成运行结果相对于流程目标的偏离，这种偏离将会对实现系统安全目标产生一定的影响。这种影响本身就是一种危险状态，因此需要根据目标的偏离状态来推导系统和工作流程中所存在或潜在的危险源。

"目标推导法"就是将流程目标偏离的若干状况作为"危险源后果"，然后逐层往前查找危险源的方法。这种方法就是在"系统与工作分析"的基础上，针对具体流程，将偏离流程目标的若干状况作为"危险源后果"，利用 SHEL 模型分析导致"危险源后果"的直接原因，并将这些原因作为"危险源"，再次利用 SHEL 模型逐层往前寻找动因及其后果，从而使危险源识别工作循环、完整地进行，确保系统性地、尽可能多地识别出运行过程中的危险源，并形成或持续更新危险源信息库。

② 要素推导法。

流程要素是运行人员在实施流程操作过程中所涉及的软件（S）、硬件（H）、环境（E）和相关人员（L）。在公司的实际运行过程中，各类流程要素（SHEL）自身的不稳定以及各流程要素与运行人员的不匹配会最终导致对公司运行安全目标的偏离，这就是一种危险状态。因此，可以根据各类流程要素的不匹配状态推导系统和工作流程中所存在或潜在的危险源。

"要素推导法"就是将流程要素的自身不稳定及各流程要素与运行人员的不匹配的若干状况作为"危险源"，然后逐层往前、往后查找危险源的方法。这种方法就是在"系统与工作分析"的基础上，针对具体流程，将流程要素的自身不稳定及各流程要素与运行人员的不匹配的若干状况作为"危险源"，利用 SHEL 模型分析导致"危险源"的原因及其后果，并将这些原因及后果作为"危险源"，再次利用 SHEL 模型逐层前溯、后溯动因及其后果，从而使危险源识别工作循环、完整地进行，确保系统性地、尽可能多地识别出运行过程中的危险源，并形成或持续更新危险源信息库。

③ 事件推导法。

运行过程中所发生的不安全事件是许多因素共同作用的结果，这些因素中包含着危险源。"目标推导法""要素分析法"是两种识别危险源的主动方法，应用"主动方法"能识别出许多现有的和潜在的危险源，但难以发现足够的、深层次的危险源。不安全事件可以暴露出许多用"主动方法"难以识别或挖掘的危险源。因此，通过对已发生的不安全事件的分析能够识别出用"主动方法"未被识别的危险源。

"事件推导法"就是通过对不安全事件进行全面、深入的分析，根据"事件发生链"所提供的线索来查找危险源的方法。这种方法是一种"被动"的危险源识别方法，它和主动识别方法同等重要，只是采用了不同的切入点。事件推导法注重查找难以发现、隐藏较深的危险源。"事件推导法"就是根据不安全事件分析报告，分析明确导致不安全事件的直接原因，并将这些直接原因列为危险源；然后查找那些能够穿透组织、环境、人员和防护措施（规章、训练和技术）等屏障的因素所包含的相关危险源；再考虑与这些危险源所处流程中的相关 SHEL 要素所造成的不安全状态，最终确定所有危险源及其关联性。在此过程中，应首先根据不安全事件信息，列明导致事件发生的直接原因，即"一级动因危险源"。其次再根据相关系统和工作分析的结果及 SHEL 要素，分析其他相关的动因（二级或三级动因危险源）。尽管这些动因没有在此次不安全事件中发生，但却也有可能通过其他路径导致同类型的不安全事件，这些动因也是"事件推导法"所能获得的重要成果。对于分析出的危险源,确认现有危险源信息库的有效性,并根据分析结果修订危险源信息库。

（4）识别结果。

各部门根据危险源识别结果填写"××通航危险源库",以便进一步对危险源进行风险分析和评价。

4）风险分析与评价

风险分析方法可以是定性的,也可以是定量的或半定量的,需依据实际应用情况、历史数据及相关信息的可获得性、管理经验以及组织决策的要求来选定合适的分析方法。

实施风险分析涉及 3 个要素,即危险源的可能性、严重性和危险源在环境中的暴露程度。每个要素均要考虑不同的因素并有不同的计算方法。

对于公司目前运行中所存在的危险源,风险分析的过程需要结合危险源管理现状,分析现有控制措施及启动机制对上述 3 个要素的影响。危险源的现有控制措施是指运行单位针对该危险源所采取的现有控制管理的方式和方法,包括制度、程序、设施设备、培训教育等一系列行为的总称。

启动机制是指现有控制措施实施的条件、环境等综合触发机制。现有风险管理控制的启动条件是指在何种条件下启动针对某项（某几项）危险源的控制措施。根据现有的危险源控制措施类型,启动机制可分为:常态启动机制、条件启动机制、应急启动机制。识别出危险源后,应立即进行风险分析与风险评价。

（1）风险分析与评价工具。

① 初期可采用风险矩阵法实施风险评价。

② 随着数据的积累,可采用作业条件危险性评价（LEC）法（半定量法）实施风险评价。

（2）风险分析与评价方式。

① 根据公司的运行环境,通过讨论、调查、现场观察、头脑风暴等方式,定性或定量地界定后果严重性和发生可能性的等级标准。

② 应对所辨识的危险源进行涉及人员、设备、环境、管理等多方面的

"根本原因分析"。如果所识别的危险源已有风险控制措施，还应分析现有的风险控制措施的有效性和剩余风险。

③ 风险的可接受程度主要由适航规章的符合性、公司的安全政策和安全目标要求来界定。

（3）风险分析与评价的方法。

① 风险矩阵法。

对应危险源的严重性和可能性级别，在以后果的严重性和可能性为坐标的风险矩阵中可得到该危险源的风险等级（见表 2-2 和表 2-3）。

表 2-2　后果严重性的评价标准

后果的严重性（程度）		
严重性等级	界定标准（定性）	标识
灾难性的	飞行事故、重大航空地面事故、空防事故以上	E
特别严重的	1. 一般地面事故、征候。 2. 安全运行的影响：安全系数大大下降；身体压力或工作负荷已达到无法靠自身的能力完全履行职责的程度	D
严重的	1. 严重差错、重大不安全事件。 2. 安全运行的影响：安全系数较大下降；操作人员因工作负荷增加，或因工作条件影响工作能力下降。 3. 对外影响：对空管、机场、其他单位、公众影响大。 4. 启动应急程序	C
轻微的	1. 一般差错，一般不安全事件。 2. 安全运行的影响：操作受限/运行受到影响/损失员工时间或生产率降低。 3. 对外影响：对空管、机场、其他单位、公众有一定影响	B
可忽略的	安全信息，几乎没什么影响	A

注：同一个危险源导致的后果对人员、设备、运行、公众、财产等影响的严重性不同时，应综合考虑或按照最严重等级计算。

表 2-3　后果可能性的评价标准

发生的可能性（频率）		
可能性等级	可能性标准（定量）	标识
频繁	每周 1 次（含）以上	5
经常	每月 1 次（含）以上	4
偶尔	每年 1 次（含）以上	3
极少	每两年 1 次（含）以上	2
不太可能	每五年发生 1 次（含）以上	1

注：发生的可能性以 1 年周期内发生的平均值进行计算。

对严重性和可能性等级的确定应结合经验分析讨论法和历史事件分析法来综合评定（见表 2-4），在历史事件不足时，根据工作或项目的具体情况选择 2 名以上相关人员组成专家组来就其后果的严重性和可能性打分，同时选择产生风险的原因，最后通过层次分析方法来计算最终分值。

表 2-4　风险可接受程度标准

	可忽略的 A	轻微的 B	严重的 C	特别严重的 D	灾难性的 E
频繁 5	5A	5B	5C	5D	5E
经常 4	4A	4B	4C	4D	4E
偶尔 3	3A	3B	3C	3D	3E
极少 2	2A	2B	2C	2D	2E
不太可能 1	1A	1B	1C	1D	1E

② 作业条件危险性评价（LEC）法。

其简化公式为：

$$D = L \times E \times C$$

式中，L 代表发生不安全事件的可能性大小；E 代表暴露于危险环境的频繁程度；C 代表发生不安全事件可能造成的后果。

可能性：不安全事件的可能性大小，当用概率来表示时：绝对不可能的事件发生的概率为 0；而可能性小、完全意外发生的事件的分数值为 1；在系统安全考虑时，绝对不发生事故是不可能的，所以人为地将事故实际不可能性的分数值定为 0.1，而完全可能预料要发生的事件的可能性分数值定为 10。介于两者之间发生事故的可能性制定了若干个中间值，如表 2-5 所示。

表 2-5　后果发生的可能性

分数值	后果发生的可能性
10	完全可能预料
6	相当可能
3	可能但不经常
1	可能性小完全意外
0.5	很不可能可以设想
0.2	极不可能
0.1	实际不可能

频繁程度：人员出现在危险环境中的时间越频繁，则危险性越大。规定连续暴露在此环境的情况为 10，而非常罕见地暴露在危险环境中的分数值为 0.5。同样，将介于两者之间的各种违项规定若干个中间值，如表 2-6 所示。

表 2-6　后果发生的频繁程度

分数值	暴露于危险环境的频繁程度
10	连续暴露
6	每天工作时间内暴露
3	每周一次，或偶然暴露
2	每月一次暴露
1	每年几次暴露
0.5	非常罕见的暴露

后果：还应综合考虑导致的后果对人员、设备、运行、公众、财产等影响，按照最严重等级计算（见表 2-7）。

表 2-7　产生的后果

分数值	产生的后果
100	飞行事故、重大航空地面事故、空防事故（含）以上
30	一般地面事故、严重征候
15	征候
7	严重差错
3	一般差错，人为责任的一般不安全事件
1	一般不安全事件

（4）风险值的计算。

风险值的大小代表了该危险源的安全风险的大小。这样就可区分出轻重缓急，将有限的资源用于风险最大的危险源的解决。

$$风险值 = 严重性分值 \times 可能性分值$$

根据公式就可以计算作业的危险程度，但关键是如何确定各个分值之积总分的评价。依据经验，总分数值小于 20 被认为少有危险，为 1 级，是低危险；如果危险分数值等于或大于 70～160，那就是显著危险性，需要及时整改；如果危险分值等于或大于 160，其危险等级达到 3 级（含）以上，那就表示有显著危险或高度危险性，应立即停止生产直到环境得到改善为止。危险等级的划分是凭经验判断，难免带有局限性，不能认为是普遍适用的。应用时需要结合实际情况予以修正。危险性分值等级划分如表 2-8 所示。

表 2-8　危险性分值等级划分

分数值	危险程度	危险等级
>320	极其危险	5
160～320	高度危险	4
70～160	显著危险	3
20～70	一般危险	2
<20	稍有危险	1

（5）风险可接受程度标准及采取行动（见表 2-9）。

表 2-9　风险可接受程度标准及采取行动

等级	LEC 区域	矩阵评估	后续行动	警示
一级	<20（1）	可接受	不需采取进一步行动	绿色
二级	20～160（2～3）	缓解后可接受	在采取控制措施进行全面管理后运行。对控制措施的执行情况进行持续监控	黄色预警
三级	>160（4～5）	不可接受	停止运行，包括停止新的系统设计和现有系统的更改；停止新的和更改后的作业或程序。重新评估，必须采取进一步的控制措施来消除相关危险源或控制可能导致更大风险的因素	红色预警

（6）重大危险源。

当出现以下情况之一时，可直接判定为重大危险源：

① 国家、行业有关标准认定的重大危险源、行业标准认定的征候及以上的情况。

② 严重不符合安全有关法律法规、标准、规程规范的情况。

③ 曾经发生过重大安全事故，且仍未采取防范措施的情况。

④ 直接观察到的重大事故隐患，且无预防控制措施的情况。

⑤ 半定量评价（LEC 法），当 D≥160 时评估级别 3、4、5 级。

⑥ 以上风险评价标准是基本标准。

5）风险控制

（1）制定风险控制措施的基本原则。

① 尽可能将风险降至可接受的风险水平，以持续改进安全状况。

② 应充分考虑控制方案/措施的适用性，以及是否产生新的风险。

③ 对于为二级或以上的风险必须制定风险规避措施或缓解措施及其控制方案；对于三级以上的风险必须对衍生风险进行评估，制定基于综合考虑成本与风险需求的可接受的整改方案和措施。

④ 在制定和实施风险控制或缓解计划时,应为危险源明确短期内存在

的可接受的风险。

（2）按"分级管控"原则建立健全风险管控工作机制。

① 对于重大危险源和重大风险，由主要负责人组织相关部门制定风险控制措施及专项应急预案。

② 对于其他缓解后可接受风险，由安全管理部门负责组织相关部门制定风险控制措施。

③ 对于可接受风险，仍认为需要进一步提高安全性的，可由相关部门自行制定措施，但要避免层层加码。

对于涉及组织机构、政策程序调整等需要较长时间的风险管控措施，应当采取临时性安全措施将安全风险控制在可接受范围，且上述类型的风险控制措施制定后，应当重新回到系统描述，按需开展变更管理，并分析和评价剩余风险可接受后，方可转入系统运行环节。

（3）风险控制措施包含以下类型。

① 工程措施：采取安全措施排除风险。

② 控制措施：采取安全措施接受风险，调整系统将风险降低到可以管理的水平，从而缓解风险。

③ 人事措施：通过增设警告、修订规程、额外培训等措施教会员工如何处置风险。

（4）风险控制措施的优先顺序（按照风险的缓解程度排序）。

① 改进系统，从危险源存在的硬件、软件系统和组织系统上消除危险。

② 增加防护装置或屏障，减少在危险源中的暴露或降低后果的严重性以阻止风险发生。

③ 添加警告、通告或标识提示，尤其是在指定出更加有效的危险源消除方法之前，要先进行警告提示；修改相关作业程序以避开危险源或降低相关风险的可能性或后果的严重性；对相关人员进行培训以避开危险源或降低相关风险的可能性。

（5）风险控制。

经评审/批准后的风险控制措施应面向运行人员发布，进行必要的培训，由相关责任部门组织实施，各部门安全管理机构跟踪验证；重大危险源的风险控制方案/措施由安监部对实施情况进行跟踪验证。

（6）依据不同类型的措施，确定不同时间及频次的验证，原则上飞行技术提升类措施，须在措施实施后 2 周内实施首次验证（非定期航班可依据实际运行选择不应超过 1 个月），且持续每月不低于 1 次验证，直至措施达到目标且稳定；培训、程序增加类措施验证时间不超过 1 个月，可选择持续验证；人员增加、补充类措施验证不超过 2 个月，持续至人员到位。

（7）如果发现方案/措施未得以落实，则追究相关责任人的责任；如果发现风险控制措施在实施过程中未能达到预期效果，则应重新评估制定新的控制措施。

4. 安全隐患排查治理

1）安全隐患排查方法

（1）被动式排查：通过事件调查、核查举报等方式进行排查。

（2）主动式排查：安全隐患排查工作应与现有的 SMS 运行结合将法定自查、安全监督检查、安全审核、内部评估、员工自愿报告、安全信息分析等作为安全隐患排查的重要方式，可借助专业的方法，以提高排查的科学性和全面性，包括但不限于以下方法：

① 系统工作分析。

② 不安全事件分析。

③ 接口分析。

④ 失效模式与影响分析（FMEA）。

⑤ 故障树分析（FTA）。

⑥ 变更分析。

⑦ 安全检查。

⑧ 危险与可操作性分析（HAZOP）。

⑨ 管理疏忽与风险树分析（MORT）。

（3）预测式排查：根据数据统计、安全形势、相关案例等进行分析预判式排查。

2）安全隐患来源

（1）局方对公司各类检查中发现的系统性、重复性或有严重后果的问题。

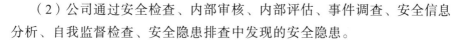

（2）公司通过安全检查、内部审核、内部评估、事件调查、安全信息分析、自我监督检查、安全隐患排查中发现的安全隐患。

3）安全隐患分类

（1）一般安全隐患：排查和治理难度不大，发现后不用全部或局部停止运行，能够通过公司内部、外部治理后可消除。一般安全隐患可分为三级：

三级：安全风险等级为 4，可能造成严重不安全事件，违反了航空器厂家飞行操作、维修技术要求的程序文件，不涉及设备/系统改进的一般安全隐患。

二级：安全风险等级为 4，可能造成严重不安全事件，违反了航空器厂家飞行操作、维修技术要求的程序文件，涉及航空器设备/系统改进，治理资金小于飞机自身价值 10%（不含）以内，航空器不用停止运行一般安全隐患。

一级：安全风险等级为 4，可能造成严重不安全事件，违反了航空器厂家飞行操作、维修技术要求的程序文件，涉及航空器设备/系统改进，治理资金小于飞机自身价值在 10%（含）至 20%（不含）以内，航空器不用停止运行一般安全隐患。

（2）重大安全隐患：风险等级为 5，风险和治理难度较大，可能造成安全生产事故，航空器不符合民航局适航标准，且需所有机型或一种机型停止运行（正常因适航排故停场除外），并经过一定时间治理方能将风险消除或缓解至可接受水平的隐患，或者因外部因素影响致使单位自身难以治理的隐患。重大安全隐患的治理措施应由集团公司主要负责人组织制定和实施。

4）工作流程

安全隐患排查治理坚持立整立改或制定等效措施等方法的原则，确保可能导致风险失控的安全隐患"动态清零"，针对排查发现的安全隐患应当立即采取措施予以消除；或对于无法立即消除的安全隐患，制定临时性等效措施管控由于受该安全隐患影响而可能失控的风险，并制定整改措施、确定整改期限且在整改完成前定期评估临时性等效措施的有效性。安全隐患排查治理流程如图 2-3 所示。

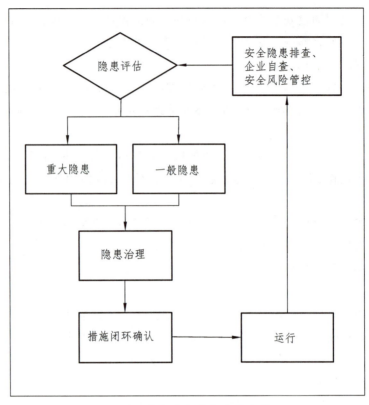

图 2-3　安全隐患排查治理流程

（1）公司各运行部门每月开展安全隐患排查工作，重点针对组织机构调整、运行模式和运行程序变化、运行业务变化、季节更替等影响安全生产的重要变更开展安全隐患排查，发现安全隐患后：对判断为重大安全隐患的，立即电话报告安监部，安监部立即电话报告分管领导和总经理及集团安委会办公室，由总经理组织相关部门和人员制定和实施治理措施，同时安监部立即电话报告主管监察员及监管局航安办，并在行业监管平台"安全隐患"模块填报安全隐患信息，填写安全隐患信息表报集团安委会办公室，在完成治理后，及时向监管局专题上报隐患治理关闭情况，5 天内上报集团安委会办公室；对于重大安全隐患，应当至少：

①　及时停止使用相关设施、设备，局部或者全部停产停业，并立即报告所在地监管局，抄报所在地地区管理局。

②　回溯到"安全风险管理"环节进行梳理,按照"安全风险分级管控"要求启动安全风险管理,制订治理方案。

③　组织制订并实施治理方案,落实责任、措施、资金、时限和应急预案,消除重大安全隐患。

④　如因发现重大隐患被责令局部或者全部停产停业,完成重大安全隐患治理后,应当组织技术人员和专家,或委托具有相应资质的安全评估机构对重大安全隐患治理情况进行评估;确认治理后符合安全生产条件,向所在地监管局提出书面申请(包括治理方案、执行情况和评估报告),经审查同意后方可恢复生产经营。

(2)对判断为一般安全隐患的,在每月 25 日前填写"××通航安全隐患信息清单"报安监部,安监部在 2 个工作日内完成安全隐患整改方案的可行性和有效性的评估,对于整改方案不满足要求的,安监部退回并说明原因,责任部门在 1 个工作日内重新上报整改方案,对评估合格的,安监部报分管领导批准后,每月最后 1 个工作日前在行业监管平台"安全隐患"模块填报安全隐患信息,每月 5 日前填写安全隐患信息表报集团安委会办公室。如初次上报信息时隐患尚未治理完成的,各运行部门在治理完成后上报安监部,安监部报分管领导批准后及时在行业监管平台上续报,5 天内向集团安委会办公室上报。

①　对于排查出的风险控制措施失效或弱化产生的一般安全隐患,治理过程中应当回溯到"安全风险管理"环节对风险控制措施进行审查和调整;对于涉及组织机构、政策程序调整等需要较长时间的风险管控措施,应当采取临时性安全措施将安全风险控制在可接受范围,且上述类型的风险控制措施制定后,按需开展变更管理并分析和评价剩余风险可接受后,方可转入系统运行环节。

②　对于暂未关联到已有风险管控措施、因违规违章等情况被确定的安全隐患,如涉及重复性违规违章行为,回溯到本规定"系统描述"环节进行梳理,并按需启动安全风险管理,如不属于重复性违规违章,可立即整改并关闭。

③　对照《民航重大安全隐患判定标准(试行)》或出现该标准中所列情形外风险较大且难以直接判断为重大安全隐患的情形,可结合实际,组

织 5 名或 7 名相关领域专家，依据安全生产法律法规规章、国家标准和行业标准，综合考虑同类型不安全事件案例，进行论证分析、综合判断。

5）安全隐患督办机制

公司安委会主任为本单位落实挂牌督办整改工作的第一责任人。

（1）安全隐患督办库来源。

① 上级安全生产监督管理机构督办的公司所属各级部门、分公司安全隐患。

② 公司所属各部门、分公司上报的重大安全隐患。

③ 公司在安委会会议上提出的重大安全隐患和日常监管工作中发现的重大安全隐患，经安委会同意后纳入。

（2）安全隐患督办流程。

公司应在收到"安全隐患督办清单"之日起 5 日内，以书面形式提交整改方案。整改方案应包括但不限于以下内容：

① 被督办事项的现状及其产生的原因。

② 被督办事项的危害程度和整改难易度分析。

③ 采取的整改措施。

④ 负责整改的部门和责任人。

⑤ 整改的时限和要求。

⑥ 对安全隐患拟采取的安全预防措施或应急预案。

（3）公司应当按要求定期向运监局、集团公司安委会办公室报告进展情况，不得迟报、瞒报。若在规定时限内无法完成挂牌督办事项的，应在期限届满前 7 日内向督办部门提出延期申请。

（4）验收和摘牌。整改期限内，公司完成整改后，应书面提交整改回复情况报告。公司安委会办公室在收到书面报告后 7 个工作日内进行现场验收和检查并填写意见。

（5）督办资料归档。公司应将督办资料进行归档。归档的资料应包括但不限于以下内容：

① 资料目录（第一页应注明：安全隐患级别、内容描述、下发挂牌督办整改通知书时间和督办部门）。

② 安全隐患督办清单。

③ 验收意见书。

④ 整改方案。

⑤ 验收申请书。

⑥ 整改情况报告。

6）安全隐患排查评审

（1）公司每年定期（12月）对安全隐患排查治理工作的质量和有效性进行评审。评审结果纳入年终总结，并根据评审结果视情改进、完善安全隐患排查治理机制，提升工作实效。

（2）安全隐患排查治理工作评审应重点关注以下内容：

① 安全隐患排查治理的职责分配。

② 安全隐患排查治理的流程、标准及方法。

③ 安全隐患排查治理人员的能力和水平。

④ 安全隐患治理环节的资源投入。

⑤ 安全隐患排查治理工作的质量和实际效果。

⑥ 月度、季度、年度安全隐患排查数据，排查整改情况，包括整改项，未完成整改项及后续跟踪情况。

7）安全隐患排查治理工作问责

对安全隐患排查治理工作落实不力的部门和个人进行问责，由安监部提出问责建议后，经分管安监部领导和公司总经理批准后予以通报批评、罚款等问责。重点针对下列情况实施问责：

① 安全隐患排查治理机制不健全。

② 安全隐患排查治理资源投入不足。

③ 安全隐患治理措施不落实、不跟踪检查、无治理效果验证。

④ 安全隐患治理未达到预期效果，安全隐患重复出现等。

第三章

双重预防机制与现有安全管理体系的融合

安全管理的方式有很多种，有基于事故发生后原因分析的传统安全管理，也有基于法律、法规的合规性管理，还有基于标准的标准化管理，更有基于风险的前瞻性预防，即风险管理。其中，风险管理是目前最为先进、科学的安全管理方式，也是双重预防机制和安全管理体系（SMS）、安全生产标准化的核心内容。因此，为了更好地理解双重预防机制工作，首先应对风险管理的相关概念有一个正确的认识。

一、风险管理的相关概念

（一）风险管理

在风险管理理论中，风险是可能性和严重性的组合。可能性是可能发生事故的概率，严重性是事故发生后导致后果的严重程度，两者都具有不确定性。因此，风险管理也就是对不确定性的管理。风险管理的核心包括危险源识别、风险评估和风险防控等相关内容。开展风险管理工作，首先要从人、机、环、管等方面对分析对象进行全面的危险源辨识，辨识出生产运行过程中可能存在的各种类型的危险源。在辨识出的危险源的基础上，对危险源进行分析、评估，从中筛选出生产运营单位无法接受的或需要采取措施防控的危险源，然后结合运行实际情况，对识别出的危险源制定防控措施，并对措施的落实和有效性进行跟踪，最终达到防止事故发生的目的。

可以看出，危险源识别、风险评估和风险防控是风险管理工作中的关键环节，三者环环相扣，上一步工作是下一步工作的前提，为下一步工作的开展打好基础。其中，危险源识别是风险管理工作开展过程中的重中之重，只有全面地识别出可能导致系统不安全运行的各种危险源，才能有的放矢地组织开展风险评估，制订防控方案。

（二）风险的分类

风险具有不同的属性和特性，根据不同的属性可以将风险进行不同的分类。了解生产中常见的风险分类，对于掌握风险的特性和本质，更准确地制定防控措施具有重要的作用。

1. 按风险的损害对象分类

人身风险，指人员伤亡、身体或精神的损害。

财产风险，包括直接风险（如人身伤亡支出费用、财产损失、清理现场费用等）和间接风险（如业务和生产中断、信誉降低等损失）。

环境风险，指环境破坏，对空气、水源、土地、气候和动植物等所造成的影响、危害。

2. 按风险的存在状态分类

固有风险，指系统本身客观固有的风险。对于特定的系统，固有风险是客观不变的。

现实风险，指系统在约束条件下，对个体或社会的现实风险影响。现实风险随着运行系统、生产技术的不断变化而变化，是动态变化的。

3. 按风险的意愿分类

自愿风险，指个人、社会或者企业自愿承担的风险。例如，事故应急处置状态下的风险，有刺激性的娱乐活动、吸烟等，都是自愿风险。对于自愿风险，人们可承受的风险水平较高。

非自愿风险，指个人、社会或者企业不愿意承担的风险。例如，生产运行过程中发生的各类事故、缺陷、违法、违规等事件，都是非自愿风险。对于非自愿风险，个人、社会、企业甚至政府需要承担较大的责任，可接受的水平较低。

4. 按风险的表现分类

显现风险，指已经以某种形式或后果表现出来的风险状态，如停电、坠落、造成、泄漏、火灾等突发事件。

潜在风险，指存在于潜在或隐形的风险状态，如指标异常、超负荷、不稳定、违章、环境不良等。

5. 按风险引发事故原因要素分类

人为风险，指引发事故的因素是人为因素的风险，如操作失误、违法、违规、违章、执行不力等。

物的风险，指引发事故的因素是设备、设施、工具等物质因素的风险，如工具不匹配、设备老旧等。

环境风险，指引发事故的因素是环境条件的风险，如噪声、照明、温度等。

管理风险，指引发事故的因素是管理因素的风险，如制度缺失、责任不明确、规章不健全、监督不力、培训不到位等。

（三）危险源

在风险管理中，危险源是非常重要的概念。要做好风险管理工作，就必须要正确理解、准确把握其相关概念。

民航双重预防机制中，并未按照我国 20 世纪 90 年代安全管理相关理论将危险源分为第一类危险源和第二类危险源，而是结合 Doc9859《安全管理手册》和《安全生产法》的相关描述，将危险源定义为："可能导致航空器事故、民用航空器征候以及一般事件等后果的条件或者物体。"结合国际民航组织（ICAO）对危险源的描述："危险源是航空活动不可避免的一部分，可被视为系统或其环境内以一种或另一种形式蛰伏的潜在危害，这种危害可能以不同的形式出现，例如：作为自然条件（如地形）或技术状态（如跑道标志）。"因此，双重预防机制中危险源的定义所指的"条件"可以被理解为运行的环境条件，而"物体"则通常包括运行体系内存在的能量或物质。所以，在危险源辨识的过程中，应该尽量使用名词来描述危险源，如"湿滑的跑道""短窄的跑道""易燃的油料"等，避免与安全隐患或后果混淆。

（四）安全隐患

"隐患"一词最初的含义就是隐藏的祸患，安全生产领域所指的隐患并不是隐藏的"祸患"，而是人的不安全行为、物的不安全状态和管理上的缺陷。"隐"体现了隐蔽，"患"则是不好的状况。不管是人的不安全行为，还是物的不安全状态，都是藏而不露，不容易被人们发现、重视的祸患。《民航安全风险分级管控和隐患排查治理双重预防工作机制管理规定》（AC-398-03）将安全隐患定义为："民航生产经营单位违反法律、法规、规章、标准、规程和安全管理规定，或者因风险控制措施失效或弱化可能导致事故、征候及一般事件等后果的人的不安全行为、物的不安全状态和管理上的缺陷。"

人的不安全行为：主要体现为人员不遵守安全操作规程，违章作业；技术水平、身体状况等不符合岗位要求的人员上岗作业；对习惯性违章操作不以为意，对隐患的存在抱有侥幸心理；员工不正确佩戴个人安全防护用品，甚至放弃不用等。

物的不安全状态：主要体现为设备自身的安全防护装置缺少、不全或长期损坏待修；设备的设计存在缺陷，不符合人机工程学原理，易引发员工误操作，造成事故；安全防护装置和个体防护用品的质量存在缺陷，起不到防护作用；设施、设备、材料、工具没有按照指定位置存储摆放，存放处没有取用记录或记录不全；器材工具不合格或已过期，特种设备已过检验期或未检验使用等。

管理上的缺陷：主要体现为安全生产相关规章制度不完善、不健全；管理者自身安全素质不高，或只重视生产而对事故隐患视而不见、监管不力；员工因缺乏必要的安全教育培训而导致安全意识不强，无法形成良好的安全文化氛围；安全管理中不按制度办事，以人情、义气代替规章、原则；各级领导发现员工不安全行为时讲解不清、态度恶劣、语气蛮横，不仅不容易让员工认识到错误，而且会让员工产生逆反心理，继续违章等。

（五）危险源、安全隐患和风险的关系

前文中危险源的定义提到，危险源是运行的环境条件或运行体系内存在的能量或物质。因此，危险源最突出的特点是它是客观存在的，无论是

什么表现形式的危险源，我们都可以通过危险源辨识来发现、找到它们，进而采取相应措施进行防控，并最终达到事故预防的目的。例如，湿滑的跑道属于不良运行条件类的危险源，把它辨识出来之后，可以采取完善运行手册、训练大纲、调整航空器起降重量等防控措施，以防止冲/偏出跑道等事件发生。

安全隐患则更多体现在行为、状态和管理上，表现为危险源防控屏障上的漏洞。因为危险源是运行的环境条件或运行体系内存在的能量或物质，其本身并不会违反法律、法规、规章制度等。只有对它们管理不当时，才会出现人的不安全行为、物的不安全状态，也就是安全隐患。可以看出，只要是被确定为安全隐患，就说明已经违反了法律、法规、规章制度的要求，因此，无须再进行风险评估，可以直接采取措施。

综上所述，危险源和安全隐患之间的区别主要体现在以下方面：

（1）危险源是系统运行所固有的，是客观存在的，不会随着人的意志而改变；安全隐患是由于危险源没有受到控制或控制失效，产生的人的不安全行为、物的不安全状态或管理上的缺陷。

（2）不是所有的危险源都能够被完全消除，绝大部分的危险源只要将其风险控制在可接受水平即可；安全隐患能够被消除，且应该被消除。

（3）对危险源的分析主要聚焦在其引发事故的可能性和事故发生后可能造成后果的严重程度；对安全隐患的分析则更多地聚焦在其产生的原因上，再通过安全隐患产生的原因反过来找出风险管理上存在的问题，从而从根源上消除安全隐患，并更好地防止安全隐患的产生。

（4）就工作顺序而言，对于新开展的事务，应该是危险源识别在前，安全隐患排查在后；对于已经投入运行的动态事务来说，两者应该是同步开展的。

（5）危险源的管理目标是通过采取风险防控措施将风险缓解到可接受水平，而安全隐患的管理目标是采取整改措施达到消除的目的。

如前文所说，危险源是客观存在的，对于危险源来说，关键在于能否发现它，只有找到危险源，才能有的放矢地采取防控措施进行防控。因此，为了尽可能多地辨识出运行系统中的危险源，需要发动全员参与到危险源辨识这项工作之中。

　　风险是对事故发生的可能性和事故后果严重程度的主观评价，确定了风险等级后，才能明确是否防控以及如何防控。因此，风险评价要求有一定经验、业务能力过硬的专业人员来进行客观、公正的评价。

　　危险源都具有风险，只是程度不同，我们可以将风险理解为危险源这个主体上的一种属性。如果没有危险源，自然也就不会有所谓的风险。正是因为危险源和风险这种密不可分的关系，我们在工作中常常将两者混淆在一起。例如，所谓的风险辨识实际上是危险源辨识，因为风险是人们的主观评价，是不需要辨识的，只有危险源，因为是客观存在的，才需要进行辨识。

　　安全隐患是危险源防控屏障上的缺陷、漏洞，是危险源衍生出来的风险，而正如前文提到的，被识别为安全隐患就说明已经违反了法律、法规、规章制度的要求，因此，不需要对它进行风险评估，直接采取措施整改即可。

（六）风险管理和安全管理

　　在实际工作中，安全管理人员通常将风险管理和安全管理视为同样的工作。其实，两者间的关系虽然密切，但是也有区别，主要体现在以下方面：

　　（1）风险管理的内容较安全管理广泛。风险管理不仅包含预测和预防事故的发生，人机系统的管理等这些安全管理所包含的内容，还延伸到了保险、投资，甚至政治风险领域。

　　（2）安全管理强调的是减少事故，甚至消除事故，是将安全生产与人机系统相结合，给劳动者以最佳的工作环境。而风险管理的目的是尽可能地减少风险带来的损失。

　　与传统的安全管理方式相比，风险管理的主要特点还体现在以下方面：

　　（1）确立了系统安全的观点。随着生产规模的扩大、生产技术的日趋复杂，生产系统往往由许多子系统组成。为了保证运行系统的安全，就必须深入地研究每一个子系统。另外，各个子系统之间的"接口"往往容易被忽视而导致事故发生，因而"接口"风险不容忽视。风险评估以整个运行系统的安全为目的，因此，绝不能孤立地对子系统进行研究和分析，而是要从全局的角度出发，以寻求到最佳的、有效的防控途径。

（2）传统的安全管理大多为事后管理，即从已经发生的事故中吸取教训，这是必要的。但是有些事故的代价太大了，所以必须预先采取相应的防控措施。风险管理的目的是预先发现、识别可能导致事故发生的危险源和安全隐患，以采取措施防控、消除这些因素，防止事故的发生。

（七）风险管理和双重预防机制

双重预防机制即风险分级管控和隐患排查治理，其中风险分级管控是系统性管理，隐患排查治理是缺陷性管理。实际上，风险管控就是风险管理，而在风险管理工作中，已经包括了隐患排查治理。之所以要单独列出来，就是要重点强调对安全隐患的排查和治理，突出双重预防机制"把安全风险关口挺在隐患前面，把隐患排查治理挺在事故前面，构建点、线、面有机结合无缝对接安全风险分级管控和隐患排查治理双重预防性工作体系的指导思想和目标"。

由于危险源是事故发生的根源所在，所以为了防止事故的发生，就必须把其辨识出来，并按照风险等级设置针对性的防护屏障进行防控。同时，由于防控屏障不可避免地会出现不同程度的缺陷或漏洞，所以为了使防控屏障更加有效地发挥作用，还要对防控屏障上的缺陷、漏洞进行弥补，也就是隐患排查。

安全隐患是在现有危险源的防控屏障上出现的缺陷或漏洞，因此，若仅仅开展安全隐患排查治理工作，就只是对现有的、已知的危险源的防控，可能会出现因某些未辨识到的危险源而导致的"意想不到"的事件发生。为了有效遏制"意外"事件的发生，就需要持续性地开展危险源辨识、风险评估、风险防控工作，即需要开展风险管理工作，以对各类危险源进行全面、系统的辨识，从而达到管控各类风险的目的。

纵然在实际生产运行过程中，还是常常会出现因危险源辨识不到位，而导致"意外"事件发生。但更多的还是那些想得到却"管不住"的事件，也就是生产经营单位虽然已经尽可能地将危险源辨识了出来，也制定了防控措施，但由于措施失效或漏洞太多，导致其形同虚设，失去了应有的防控作用，从而造成了事故的发生。因此，要有效地防止事故的发生，全面地辨识生产过程中的危险源并制定防控措施固然非常重要，但更重要的是，防控措施必须要有效落实。所以，必须及时堵住措施漏洞，也就是防止"管不住"的情况，这是开展隐患排查治理工作的主要目的。

综上，双重预防机制，不仅可以通过风险分级防控解决"想不到"的问题，还能够通过隐患排查治理解决"管不住"的问题。相当于在事故发生的链条上，设置了两道防火墙，进一步提升了事故的防控效率，对于有效防控各类事故的发生具有积极的现实意义。

（八）双重预防机制和安全生产标准化

上面提到，双重预防机制就是风险分级防控和安全隐患排查治理，风险分级防控就是我们日常工作中的风险管理，包括危险源识别、风险评价分级、风险管控等内容。安全隐患排查治理就是对风险防控措施通过安全隐患排查治理的方式进行全面管控，发现防控措施的漏洞，及时采取措施堵上漏洞。而风险管控和安全隐患排查治理恰恰是《企业安全生产标准化基本规范》（GB/T 33000—2016）中的第 5 个核心要求"5.5 安全风险管控及隐患排查治理"，也就是说双重预防机制是安全生产标准化的核心要素，两者不是并列的关系，也不是毫不相干的两项工作，双重预防机制也不是一项全新的工作。安全生产标准化是企业做好安全生产工作最基础、最全面的工具，双重预防机制重点强调的是安全生产标准化中风险管控和隐患排查治理这两个关键内容，是对风险管控和隐患排查治理的再细化、再严格、再科学的要求。因此，开展双重预防机制工作时，不应将两者割裂开，抛开原来的安全生产标准化工作，再建立一套双重预防机制的工作体系，而是要在安全生产标准化工作的基础上，对风险管控和隐患排查治理进一步细化、规范，提高风险防控和隐患排查治理的有效性，避免重复性开展工作。

二、双重预防机制与民航安全管理体系（SMS）

双重预防机制是民航安全管理体系的核心内容，围绕事前预防，推动从源头上防范风险、从根本上消除安全隐患，熟悉双重预防机制的工作流程，以更加有效地结合生产运行实际情况，更加清晰、明确地将双重预防机制接入 SMS "安全风险管理" 流程，与现有的安全管理体系实现有机融合。具体流程如图 3-1 所示。

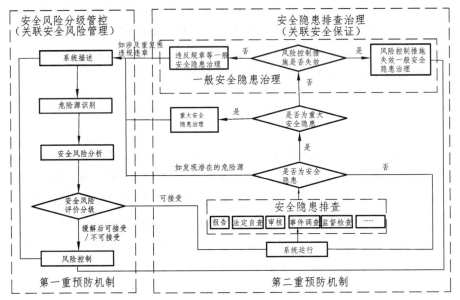

图 3-1　民航 SMS 相关要素与双重预防机制融合流程

（一）风险分级防控

1. 系统描述

参照国际民航组织 Doc9859《安全管理手册》的相关要求，"系统描述" 是开展风险分级管控的前提和必要内容，充分的系统描述可以使生产经营单位更加清晰地了解其众多的内外部交互系统和接口，有助于更加准确地定位危险源、安全隐患，并制定措施管控相关风险。同时，及时更新系统描述也有助于了解系统的各项变动对 SMS 工作流程的影响，满足 SMS "变更管理" 对系统描述进行检查的工作要求。

系统由组织结构、过程和程序，以及完成任务的人员、设备和设施构成。一方面，系统在设计、技术功能、人接口或与其他过程和系统接口方面存在缺陷，可能会带来风险；另一方面，现有系统无法适应环境变化带来安全风险。因此，在规划、设计和实施阶段对这些因素进行系统与工作分析，常常可以在系统开始运行之前识别潜在的危险源。

系统描述应当至少包括组织机构、业务流程、可能涉及的设施设备、运行环境、规章制度和操作规程，以及接口的描述，以此来界定 SMS 及其子系统的边界，确定双重预防机制在 SMS 中的特征。系统描述的呈现形式包括组织机构图、系统与工作分析表（包含核心业务流程和内外部接口、管理单位以及各项相关政策、程序）等。

开展系统描述时，可以考虑以下内容：

（1）机构、人员及其主要职责。

（2）本单位/部门、其他单位/部门间的接口。

（3）航空器、机库（厂房）、通信导航监视系统、特种车辆等。

（4）运行系统、手册和操作程序等软件系统。

（5）自然环境、工作环境、组织环境。

（6）人的因素。

（7）外包和购买的产品及服务。

（8）有关系统、子系统的相互影响和现有风险控制措施的其他可能出现的情况。

（9）以上（1）~（8）项接口互相影响或不匹配的方面。

表 3-1 列举了机务维修系统描述的部分内容。

表 3-1　机务维修系统描述

系统	一级流程	二级流程	三级流程
机务维修	厂房设施管理	机库、机坪、车间、工作间管理	机库/车间主体结构
			水、电、气等辅助设施
			消防管理
			停机坪管理
			其他
		标识、标牌管理	
		其他	

系统	一级流程	二级流程	三级流程
工具、设备管理		工具管理	
		地面设备管理	
		计量管理	
		车辆管理	
		其他	
	……	……	……

2. 危险源辨识

要做好风险分级工作，就必须做好危险源辨识。只有全面、系统地辨识出系统中的危险源，才能在此基础上组织开展风险评估，发现需要进行管控的风险，进而制定针对性的管控措施，最终达到防止事故发生的目的。因此，离开危险源辨识，风险防控就无从谈起。

危险源辨识之所以重要，是因为危险源实际上就是可能会发生的事故的源头，危险源辨识不到位，就是没有找到可能将要发生的事故的原因，可能导致事故的原因没有明确，制定的风险防控措施可能就无法起到预期的效果。同时，危险源辨识工作也是整个风险管理工作中的难点，要做好危险源辨识工作，意味着需要将系统中可能存在的危险源尽可能都找出来，而每个从业人员所熟悉的业务领域各不相同，熟悉程度也参差不齐，辨识方法也多种多样，因此，要做好危险源辨识并非易事。

常用的危险源辨识方法有安全检查表法（SCL）、故障树分析（FTA）、事件树分析（ETA）、故障假设分析（WI）、预先危险分析（PHA）、头脑风暴法（BS）、危害与可操作性分析（HAZOP）等，同时，在使用以上方法时，可以参考《生产过程危险有害因素分类与代码》（GB/T13861—2022）中对各种危险有害因素的分类，对运行过程中的各种危险源进行辨识。

生产经营单位可以使用上述辨识方法，识别与其航空产品或服务相关的危险源，描述危险源可能导致的事故、征候以及一般事件等后果，从而梳理出危险源与后果之间存在可能性的风险路径。

另外，《民航安全风险分级管控和隐患排查治理双重预防工作机制管理规定》并未单独对重大危险源进行定义，而是使用《安全生产法》的定义："长期地或临时地生产、搬运、使用或者储存危险物品，且危险物品数量等于或者超过临界量的单元（包括场所和设施）。危险物品，是指易燃易爆物品、危险化学品、放射性物品等能够危及人身安全和财产的物品。"若经生产经营单位判定存在重大危险源，则要专门登记建档，组织人员定期检测、评估、监控，并制订应急预案，告知从业人员和相关人员紧急情况下的应对措施；同时，还应将重大危险源及相关防控措施、应急措施上报所在地地方人民政府应急管理部门和相关行业监管部门。

3. 安全风险分析

前面提到，风险是可能性和严重性的组合，要确定危险源的风险，需要评估危险源引发事故的可能性以及事故后果的严重程度。可能性是指危险源可能会导致某起事故或事件发生，但并不是百分之百会发生，如湿滑的跑道可能会导致飞机冲/偏出跑道、裸露的线路可能会导致人员触电等。在 SMS 中，可能性的描述分为频繁的、偶然的、少有的、不大可能的、极不可能的 5 个不同等级，并分别用 1～5 来表示其等级。其含义如表 3-2 所示。

表 3-2　安全风险概率表

可能性	含义	等级
频繁的	可能发生多次（经常发生）	5
偶然的	可能有时发生（不经常发生）	4
少有的	不太可能发生，但有可能（很少发生）	3
不大可能的	不大可能发生（未曾发生过）	2
极不可能的	事件发生几乎是不可思议的	1

严重性是指事故发生后可能造成的后果的严重程度，有些危险源的能量很高，一旦失控导致的事故的后果严重程度非常大，而有些危险源的能量很小，就算失控也不会有太大的损失。对于严重性的评估，生产经营单位可以从人员伤亡、财产损失、环境污染、声誉影响等几个方面进行考虑。在 SMS 中，将风险的严重性分为灾难性的、危险的、重大的、较小的、可忽略不计的 5 个等级，并用 A～E 来表示其等级。具体如表 3-3 所示。

表 3-3　安全风险严重性表

严重性	含义	等级
灾难性的	航空器/设备损毁； 多人死亡	A
危险的	安全裕度大大降低，操作人员身体不适或工作负荷很大，以至于不能准确或完整地完成任务； 严重伤害； 主要设备损坏	B
重大的	安全裕度明显降低，由于操作人员工作负荷增加或出现损害其效率的情况，其应对不利运行情况的能力下降； 严重征候； 人员受伤	C
较小的	小麻烦； 操作限制； 启动应急程序； 一般征候	D
可忽略不计的	后果微乎其微	E

　　生产经营单位可以结合历史数据和运行实际情况来设定安全风险可能性、严重性指标，若本单位历史数据较少，则可参考行业数据制定指标。下面以国内某飞行训练机构为例，列举了其对可能性、严重性的评价标准（见表 3-4 和表 3-5）。

表 3-4　国内某飞行训练机构安全风险可能性评价标准

可能性	评价标准	等级
频繁	$X \geq 2$ 次/万小时；$X \geq 1$ 次/月	5
经常	$0.6 \leq X < 2$ 次/万小时；$X \geq 1$ 次/季度	4
偶尔	$0.05 \leq X < 0.6$ 次/万小时；$X \geq 1$ 次/年	3
极少	$0.01 \leq X < 0.05$ 次/万小时；$X \geq 1$ 次/5 年	2
极不可能	$X \geq 1$ 次/10 年	1

表 3-5　国内某飞行训练机构安全风险严重性评价标准

可能性	评价标准	等级
灾难性的	出现以下情况之一： 1. 事故； 2. 1 人（含）以上的人员重伤或死亡； 3. 直接经济损失 70 万元（含）以上； 4. 对外影响：局方工作组进驻，重大不良社会影响； 5. 造成飞机停止运行 151 架/天以上	5
危险的	出现以下情况之一： 1. 征候； 2. 2 人及以上的人员轻伤； 3. 直接经济损失 30 万元以上 70 万元以下； 4. 对外影响：局方行政处分、行政约见、通报批评，较大不良社会影响； 5. 造成飞机停止运行 91～150 架/天	4
重大的	出现以下情况之一： 1. 飞行训练严重事件； 2. 1 人轻伤； 3. 直接经济损失 10 万元以上 30 万元以下； 4. 对外影响：单位通报批评，单位以外相关单位造成不良社会影响； 5. 造成飞机停止运行 31～90 架/天	3
较小的	出现以下情况之一： 1. 一般事件； 2. 人员轻微伤； 3. 直接经济损失 10 万元以下； 4. 造成飞机停止运行 30 架/天以下	2
可忽略不计的	影响极小，轻微以下	1

4. 风险分级与评价

被识别出来的危险源均应进行评价分级，以确定其风险是否在可接受的范围内，对于不可接受的风险，必须采取措施进行缓解，使之降至可接受的程度。结合上文中安全风险分析环节得到的安全风险可能性和严重性，可以得到如图 3-2 的安全风险矩阵。图中颜色由深至浅分别代表不可容忍、采取措施可容忍、可接受。

安全风险	严重程度				
概率	灾难性的 A	危险的 B	重大的 C	较小的 D	可忽略不计的 E
频繁的 5	5A	5B	5C	5D	5E
偶然的 4	4A	4B	4C	4D	4E
少有的 3	3A	3B	3C	3D	3E
不大可能的 2	2A	2B	2C	2D	2E
极不可能的 1	1A	1B	1C	1D	1E

图 3-2　安全风险矩阵示例

对不可容忍的风险，需要立即采取行动，以缓解风险或停止行动。执行有限安全风险缓解措施，以确保额外的或强化的预防控制措施落实到位，使安全风险指数下降到可容忍的水平。

对可容忍的风险，在采取安全风险缓解措施的基础上可以容忍，可能需要管理层决定接受该风险。

对可接受的风险，则不需要采取进一步的安全风险缓解措施，按照当前的状态可以接受。

《民航安全风险分级管控和隐患排查治理双重预防工作机制管理规定》将安全风险从高到低分为不可接受风险、缓解后可接受风险和可接受风险 3 个等级，若采取更多等级，需明确其对应关系。

如国内某飞行训练机构，将安全风险从高到低分为不可接受风险、采取应急措施临时可接受风险、采取措施后可接受风险、监控下可接受风险、可接受风险 5 个等级。监控下可接受风险和可接受风险对应民航局可接受风险，采取应急措施临时可接受风险和采取措施后可接受风险对应民航局缓解后可接受风险，不可接受风险与民航局相同，其风险矩阵如图 3-3 所示。

可能性＼定量值＼严重性	灾难性的 5	重大的 4	严重的 3	轻微的 2	可忽略的 1
频繁 5	25	20	15	10	5
经常 4	20	16	12	8	4
偶尔 3	15	12	9	6	3
极少 2	10	8	6	4	2
极不可能 1	5	4	3	2	1

图 3-3　国内某飞行训练机构风险矩阵示例

对不同的安全风险等级，需要采取相应的防控措施，如图 3-4 所示。

风险值域	风险等级	可接受水平	需采取的措施
红色 [20,25]	极端风险	不可接受	立即停止或限制运行，采取控制措施，直至风险等级降低后，方可恢复运行，并对风险继续控制
橙色 [15,20)	高风险	采取应急措施短期可接受	立即采取应急措施，并制定长期措施，经评价确认风险降低后，方可长期运行
黄色 [8,15)	中风险	采取措施可接受	分析和改进现有风险控制措施，或制定新的风险控制措施，一定监控条件下运行
绿色 [4,8)	低风险	监控下可接受	监控风险动态情况，采取措施。
白色 [1,4)	可忽略风险	可接受	无需采取进一步行动，但要保存相关记录

图 3-4　安全风险等级评价标准

5. 风险防控

依据上述安全风险分级和评估的结果，按照"分级管控"原则开展安全风险管控工作。

对于重大危险源和重大风险(《民航安全风险分级管控和隐患排查治理双重预防工作机制管理规定》将重大风险定义为："风险分级评价中被列为'不可接受'的风险，或者被列为'缓解后可接受'但相关控制措施多次出现失效的风险。"对于该类风险，须由生产经营单位主要负责人组织相关部门制定风险控制措施及专项应急预案。

对于其他缓解后可接受的风险，由安全管理部门负责组织相关部门制定风险控制措施。

对于可接受风险，若认为需要进一步提高安全性，可由相关部门自行制定措施。

若根据实际情况采取了更多等级，则需要明确各等级需采取的措施，如：

不可接受风险：由单位主要负责人组织相关责任单位/部门制定风险防控措施及专项应急预案。

采取应急措施可承受风险：由单位主要负责人组织相关责任单位/部门制定风险防控措施，安全管理部门对风险防控措施进行评估。

缓解后可接受风险：由单位安全管理部门负责组织相关责任部门制定风险防控措施。

监控下可接受风险：由相关责任部门监控风险动态情况，视情采取措施。

可接受风险：无须采取进一步行动，但要保存相关记录。若认为需要进一步提高安全性的，可由相关责任部门自行制定措施。

如果风险管控措施涉及组织机构、政策程序调整等需要较长时间来执行，生产经营单位可以先采取临时性的安全措施将安全风险控制在可接受范围内，待风险防控措施制定后，需开展变更管理，重新进行系统描述和危险源识别，分析、评估风险可接受后，再转入系统运行。

危险源防控措施的制定，可以参考安全标准化工作中的消除、替代、工程控制、管理控制和个人防护5种策略。

消除：对于可能导致事故发生的高风险危险源，在制定防控措施时，首先要考虑该危险源是否可以消除。因为一旦消除掉危险源，就消除了事故发生的源头，就不需要再增加防范措施，从根本上铲除事故发生的根源。但是，根据系统安全原理和运行实际情况，人们不可能消除所有危险源，也无法消除所有危险源。因为部分危险源与运行是密不可分的，如湿滑的跑道。虽说严禁在湿滑的跑道上起降，会彻底消除因跑道湿滑导致的事故发生，但是会严重影响生产经营单位的日常运行，并不符合生产经营单位的实际需要。因此，对于类似的危险源，需要制定其他风险防控措施予以控制。

替代：如果危险源无法消除或消除的代价太大，可以考虑采取替代或减少的措施，降低其风险水平。替代或减少类的防控措施不能从根本上消除危险源，只能降低危险源导致事故发生的概率或严重程度。例如，我们都知道紫外线照射可能诱发皮肤癌，但我们无法消除太阳紫外线照射这个危险源，因此我们可以采取替代或减少措施：待在室内，减少外出，外出做好防晒措施，减少受到紫外线照射的时间。

工程控制：即采取技术措施防控危险源。对于一些无法消除或替代的危险源，可以采取工程技术手段，在严格控制下运行，如飞机。飞机作为一种高效、舒适的交通工具，便利了人们的出行，一旦失控，后果不堪设想，但我们又无法彻底地消除或替代它。因此，要提高飞机运行的安全水平，就要通过严格的工程技术手段，对其进行全面有效的控制，做到本质安全。

管理控制：上面的工程技术手段，控制的是硬件设备，而管理手段，控制的则是人。管理控制通过出台制度、规程、标准等防控措施，通过对人的行为的规范和控制，达到风险防控的目的。由于控制的是人，而人具有主观能动性，所以管理控制需要人的配合才能发挥作用。但只要有人参与，就可能会有人为失误或违规，管理控制的效果就会打折扣。因为管理控制涉及的是人，增加了不可控性，使风险防控的不确定性大大增加；同时，相比于工程控制措施，管理类措施的防护漏洞或失效更多，管控力度更弱。

个人防护：为消除或减缓事故后果对人的影响，针对某种具体情况，通过佩戴相应的个人防护用品，以达到个体防护的目的。个人防护起作用时，往往事故或事件已经发生，因此，个人防护的风险防控力度较前4种都要弱，但可以减轻事故或事件后果对当事人的伤害，是防控风险的最后一道屏障。

风险防控措施特点汇总如表3-6所示

表3-6　风险防控措施特点汇总

控制类别	控制力度	措施内容	特点
消除	极强	通过对方案重新设计或撤销方案等方式，消除其中的危险源	通过采取措施可以防止事故发生
替代、减少	强	用低风险物品代替高风险物品；减少高风险物品的使用量	
工程控制	较强	通过硬件设备、设施等，屏蔽能量或有害物质	
管理控制	较弱	通过规程、制度、标准等，规范人的行为	
个人防护	弱	通过人穿戴个人防护用品，减轻伤害	不能防止事故发生，但可以起到减轻伤害的作用

前期的危险源辨识和风险分级、评估，最后都要通过制定的措施来落实，落实是否有效，直接影响风险防控的效果，因此生产经营单位要重视风险防控措施的制定，采取科学方法，制定切实可行、行之有效的风险防控措施，以达到预防事故的最终目的。另外，为了确保防控措施或防控屏障的持续有效，防止措施失效，堵上屏障漏洞，就需要持续地开展安全隐患排查治理。

（二）安全隐患排查治理

不同于风险分级防控，安全隐患排查强调的是缺陷性管理，通过不同类别、不同层次的排查工作，对风险分级防控中制定的防控措施的有效性进行排查。如果排查出存在安全隐患，要及时进行整改，防止安全隐患进一步发展，避免最终事故的发生。

安全隐患排查治理工作的开展，建立在风险分级管控的基础上，是双重预防机制的第二重预防机制，对应着 SMS 的另一支柱——安全保证，即通过持续监测运行和安全管理过程，不断更新危险源的防控措施，弥补防护屏障上的漏洞，持续优化生产经营单位安全管理体系，达到防止事故发生的目的。

前文提到，凡是安全隐患，都需要制定措施进行整改、消除，这就要求生产经营单位对安全隐患做到"零容忍"。但是"零容忍"不是"零隐患"，必须承认，生产过程中的安全隐患不能完全消除，即使现阶段识别出来的安全隐患已经全部整改完毕，但安全隐患具有隐蔽性的特征，系统中可能还存在着没有识别出来的安全隐患，所以绝不能掉以轻心；同时，运行系统在时刻变化，也可能会产生新的安全隐患。由此可见，我们可以消除某个特定的安全隐患，但无法一劳永逸地消除运行系统中的所有安全隐患。因此，我们要对安全隐患实行"动态清零"，即针对排查发现的安全隐患，应立即采取措施予以消除，对于无法立即消除的安全隐患，要制定临时性等效措施管控由于受该安全隐患影响而可能失控的风险，并制定整改措施、确定整改期限，且在整改完成前定期评估临时性等效措施的有效性。

1. 安全隐患排查治理启动时机

（1）结合安全检查、内部审核等方式定期开展安全隐患排查。

（2）组织机构调整、运行模式和运行程序变化、运行业务变化、季节更替等影响安全生产的重要变更，在变更风险管理设定的观察期内，重点开展隐患排查。

（3）发生涉及本单位业务的典型不安全事件后，重点开展安全隐患排查。

（4）内外部审核、检查等发现的与安全生产相关的不符合项目时。

（5）接收到行业发布的与安全生产工作直接相关的不安全事件通报、安全警示性文件等时。

（6）接收到员工报告信息涉及安全隐患时。

（7）其他要求开展安全隐患排查的时机。

2. 安全隐患排查形式

安全隐患排查从实施形式上，分为专项排查、定期排查和常态化排查。

专项排查：具体指向最明确，通常限定在一个具体领域，如消防安全、不停航施工、标志标识规范等，覆盖面窄、纵深程度高，是集中排查某一领域存在安全隐患的主要手段。专项排查可以是有计划的，也可以是临时性的。

定期排查：计划性较强，可以根据本单位/部门阶段性工作部署进行开展，如年度工作部署、季度工作部署等。定期排查通常具有较为充分的准备时间来制订方案，编制详细的排查指引单等，以明确排查目标、具体时间安排、范围、方式、工作要求。

常态化排查：主要依靠安全从业人员或基层生产单位（如班组等），覆盖面最为广泛，具有不间断性和即时性，是排查日常安全隐患的主要手段。

3. 安全隐患排查方法

民航生产经营单位可以在现有 SMS 工作的基础上开展安全隐患排查，将安全隐患排查融入 SMS 工作中，结合安全检查、法定自查、安全审核、内部评估、事件调查、安全信息分析等工作开展安全隐患排查，一般有被动式排查、主动式排查和预测式排查等。

1）被动式排查

被动式排查主要通过事件调查、核查举报等方式进行排查。采用这种排查方法时，通常都是在发生具体事件之后，是一种亡羊补牢的补救式方法，排查的目标指向相对明确。

案例1：某公司执行航空喷洒飞行作业时，飞机剐碰高压线坠地起火，机上 2 人死亡。经调查，该事件原因为：飞机在实施低空喷洒作业后，在拉升飞越高压线过程中，机组判断失误，导致无法越过高压线，采取左转弯规避，在规避过程中飞机右侧机翼首先刮碰高压线，进而螺旋桨桨叶与高压线发生接触，导致飞机挂线并失去动力。当高压线被拉断后，飞机坠地起火燃烧。

调查结束后，民航局对该公司提出了相关安全建议：梳理各项飞行作业特点，制定适合实际运行的《训练大纲》，严格落实训练工作，加强安全警示教育，建立健全突发情况下处置方案，重点防范低空机动规避飞行的操纵失误；在复杂地块存在较高障碍物作业时，明确飞越的高距比，在地图作业时根据实际飞行航径，计算并标注必要的警戒线，为避开障碍物留有足够裕度；规范并严格落实障碍物勘察和标注工作，对机组飞行使用的障碍物和飞行作业图进行必要的核实确认，防范机组实际飞行与地面准备不相符的安全隐患。

案例2：某飞行训练机构执行学生机长训练任务，飞机在着陆过程中，飞机上飘至2～3米，机组复飞时机较晚，油门还没加满，飞机已经落地，机组感觉落地较重。经机务检查，飞机左轮外胎内侧有一处约2厘米的裂纹和周向断续擦伤痕，左刹车组件排气活门嘴有轻度磨损痕迹，右轮外胎内侧胎缘擦伤。

经调查，机组学生对着陆偏差处置知识理解不深，掌握不扎实，低空着陆偏差处置能力不足，多处于被动等待飞机下沉，不能及时发现和制止飞机上飘，复飞决断意识不强，复飞时机偏晚；指挥员对飞机偏差发展缺乏预见性，技术提示和指挥不足；同时当天风向风速不定，增加了发生着陆偏差的概率，也增加了处置难度。

事后，该机构要求组织开展教员着陆偏差处置教学研讨，提高教员着陆偏差处置教学能力，将着陆偏差处置和复飞作为单飞前质量检查的内容；教员加强学生着陆偏差处置和复飞训练质量把关，对所有单飞后的学生进行一次着陆偏差处置和复飞能力检查；指挥员加强起飞着陆飞机的观察，及时进行技术提示和指挥。

2）主动式排查

主动式排查主要通过自主开展安全检查、法定自查、审核评估、人员访谈和自愿报告等方式进行排查。主动式排查分类如下：

（1）规章对照法：最常见的一种排查方法，按照规章标准的要求制定检查单，以现场观察、查阅台账、人员访谈等方式对执行规章标准的符合性进行核查。

（2）目标检视法（正面清单法）：以计划达到的安全目标为衡量尺度，对现有安全状况进行排查，确保安全所必须的事项均已具备，缺漏之处即可视为影响安全目标实现的安全隐患。

（3）自愿报告核查法：主要通过各种形式的自愿报告来实现安全隐患排查。

（4）测试检验法：通过演练、测试等方法对存在的安全隐患进行排查，通常适用于排查设备有效性、应急预案合理性、人员素质能力等方面存在的安全隐患。

（5）危险源对照法（负面清单法）：主要将已经识别出的危险源罗列成清单或表格的形式，与工作场所、工作措施或管理制度的实际情况进行对比，以发现存在的安全隐患。该方法与规章对照法类似，只是方向不同，它能够帮助通过客观存在的缺陷发现规章制度存在的缺陷。该方法可参考《生产过程危险和有害因素分类》（GB/T 13861—2022）。

（6）工作流程分析法：将一项作业分成几个作业步骤，排查整个作业活动每一步骤中的安全隐患。

3）预测式排查

预测式排查指根据对日常获得的各类数据、信息的统计分析，掌握其反映出的共性特征，从而排查出存在的安全隐患（见表 3-7 和表 3-8）。

表 3-7　航空安全专业法定自查检查单示例

检查项目	检查内容	检查结果	处理意见
安全管理制度	[SID-16004V2]安全管理机构及职责 【检查标准】 　生产经营单位的主要负责人是否是安全生产的第一责任人。其他负责人对职责范围内的安全生产工作负责。 【检查依据】《安全生产法》：第五条　生产经营单位的主要负责人是本单位安全生产第一责任人，对本单位的安全生产工作全面负责。其他负责人对职责范围内的安全生产工作负责。 【检查方式】远程文件检查，实地文件检查。 【法定频次】暂无法律规定。 【备注】	□符合 □不符合 □未检查 □不适用	□立即完成整改 □限期完成整改

检查项目	检查内容	检查结果	处理意见
安全管理制度	[SID-16005V1]安全检查和内部审核 【检查标准】 安全检查定期实施情况、不符合整改完成率、整改验证符合性； 内部审核定期实施情况，不符合项管理、整改验证。 【检查依据】《民用航空安全管理规定》（交通运输部令〔2018〕第 3 号）：第十九条 民航生产经营单位应当建立安全检查制度和程序，定期开展安全检查。《民用航空安全管理规定》（交通运输部令〔2018〕第 3 号）：第二十一条 民航生产经营单位应当建立内部审核、内部评估制度和程序，定期对安全管理体系或者等效的安全管理机制的实施情况进行评审。 【检查方式】远程文件检查，实地文件检查。 【法定频次】暂无法律规定。 【备注】	□符合 □不符合 □未检查 □不适用	□立即完成整改 □限期完成整改
……	……	……	……
____项	____项	符合项 不符合项 未检查项 不适用项	立即完成整改项 限期完成整改项
发现问题描述：			

表 3-8　运行现场安全检查单示例

序号	监察内容	监察项目	对应手册章节或提示参考	检查方法	检查结果
1	航油记录及统计	油车司机每次对所负责油车的加油或提油油量做好记录，定时将记录向公司航油负责人反馈。油量使用情况记录应正确属实	车队手册 7.9 加油记录首页为提油记录，每次新购航油需要按照规定填写，提油 10 次后，将更换新记录本，原记录本交运行控制部留存；加油记录第二页以后为加油记录，每次加油需要按照规定填写	现场检查油样	
2	航油提取	每台油罐车配备油样瓶情况	车队手册：4.10.1.1 加油作业时的取样，公司罐式加油车每车配备油样瓶一个，油样在当日飞行结束或第一班飞行结束后方可废弃。4.10.1.2 罐式加油车在加油之前，应从过滤分离器的出口抽 0.5～1L 油样目视检查无游离水、无杂质，无冰碴，对于喷气燃料，采用化学测水器进行水分检查，游离水含量不应大于 30 PPm，然后将合格的油样送航空公司代表或公司工程人员、飞行人员进行目视检查，待其同意后，即可进行加油	现场检查油样	
3	油车加油时与飞机距离及位置	对油车加油时检查其距离飞机距离及与飞机位置关系的检查	车队手册：4.9.4.8 车辆接近、靠接航空器作业时时速不得超过 5 km，应当在距离航空器 20 m 外踩制动试刹车，到达指定作业位置后使用制动和轮挡，加油时距离飞机不得小于 5 m；驾驶员在航空器旁停放车辆时，必须确保与航空器及临近设备保持足够的安全距离，且严格遵守操作规程；为航空器保障的车辆禁止将车头正对航空器停放，应当与航空器同方向或相反方向停置作业，除需为航空器提供服务的车辆外，其他车辆及人员不得从机翼或机身下穿行；当航空器在加油时，在停机位内的车辆不得阻碍加油车前方的紧急通道	现场检查	

续表

序号	监察内容	监察项目	对应手册章节或提示参考	检查方法	检查结果
4	车辆安全维修状况	司机应定期对车辆进行维修工作以保障车辆的正常使用和安全	车队手册：4.7.3 根据各车型制定车辆年度维保计划；根据车辆维保计划，进行维保监控，按级别保养单项目进行施工；车辆出现故障，驾驶员及时上报车辆管理员并填写"车辆报修单"；车辆管理员对车辆故障进行审核评估，确定维修项目方可送至维修厂维修；车辆修复完毕，经检验合格后签字确认方可提车	现场检查车辆情况	
5	司机加油、抽油规定	对飞机的加注燃油，及油车的操作进行检查	车队手册：5.3 飞机（油车）加放、抽油规定	现场检查	

4. 安全隐患治理

按照安全隐患的危害程度和整改难度，分为一般安全隐患和重大安全隐患。重大安全隐患即危害和整改难度较大，应当全部或者局部停产停业，并经过一定时间整改治理方能排除的安全隐患，或者因外部因素影响致使民航生产经营单位自身难以排除的安全隐患。

2023 年，民航局发布了《民航重大安全隐患判定标准（试行）》，对涉及民航领域的重大安全隐患进行了明确。民航生产经营单位可以结合生产运行实际情况，通过对照该标准，更加准确地识别出运行系统是否存在重大安全隐患，提高重大安全隐患的排查和治理效能。

安全隐患的治理要以隐患出现的原因为出发点，从技术手段和管理手段两个方面有针对性地制定治理措施。治理措施包括针对安全隐患的纠正措施和预防措施，并尽量将措施融入现有的工作程序或标准中，确保措施的持续有效。同时，为了保证安全隐患排查治理工作达到预期效果，还需要对整改措施进行评估。评估可以从以下几个方面入手：

（1）措施的类型，包括技术手段和管理手段。

（2）成本和效益，措施所需要的投入及其可能带来的安全收益。

（3）可行性，措施在现有人员、技术、经费、管理、法律和规章等方面的可行性。

（4）可操作性，措施是否明确、具体、可操作，避免笼统、宽泛。

（5）预期效果及持久性，措施能否达到风险控制目标，能否产生长久效果。

（6）剩余风险，在措施实施后，是否存在不可接受的风险。

（7）衍生风险，是否因实施治理措施产生了新的问题或新的安全风险。

（8）针对可行性低、不能达到预期效果的治理措施应及时进行调整，保证实现安全隐患治理的预期目标。

5. 安全隐患治理的跟踪和验证

在制定安全隐患治理措施后，还要明确治理措施落实情况跟踪检查的职责时间和标准，由专人对措施落实情况、质量情况进行持续跟踪检查，并根据检查结果视情况调整，完善治理措施。

治理措施落实情况跟踪应重点关注以下内容：

（1）措施落实应有客观的事实证据。

（2）措施落实内容应与既定的措施内容严格一致，不能漏项。

（3）措施的完成时限应符合既定的时间节点。对于未能按时间节点整改完成的隐患，应写明原因、延期整改时间，以及补充措施等情况。

生产经营单位可以结合安全绩效管理工作对安全隐患治理效果进行验证，针对安全隐患或其治理措施设置安全绩效指标，通过安全绩效指标的持续监控，对安全隐患治理的实际效果进行验证，确保安全隐患治理工作达到预期效果。

治理措施效果验证应注意以下内容：

（1）严格区分措施落实和效果实现，不能将措施落实等同于达到了预期效果。

（2）措施效果验证大多需要一个周期，一般在措施落实完成后持续监测一段时间（如 30 天、3 个月、6 个月等），方可对其实际效果进行评估和验证。

（3）针对治理效果设置安全绩效指标时，一般采用过程类事件作为效果验证标准，不宜采用严重后果类事件作为效果验证标准。

6. 持续完善

安全隐患排查治理是一项长期工作，生产经营单位要充分认识到安全隐患排查治理的重要性，将安全隐患排查治理与 SMS、安全生产标准化有机融合，从系统建设高度建立安全隐患排查治理长效机制，明确各级机构、各岗位的安全隐患排查治理职责，细化问责办法及标准，坚持"排查"与"治理"并重，将安全隐患排查治理作为日常安全管理工作的重要抓手。

同时，要加大安全隐患排查治理的宣传教育和培训，针对各层级管理人员、各岗位工作人员在安全隐患排查治理中所担负的责任和实际工作内容，对培训需求进行梳理，提供相关的培训支持，提高人员安全隐患排查治理的能力和水平，努力营造全员关注安全隐患、了解安全隐患、报告安全隐患、治理安全隐患的良好氛围。

三、双重预防机制与作风建设融合

在中国共产党一百多年的历史中，作风建设是重要的成就和经验。延安时期，我们党开展了历史上第一次大规模的整风运动，全党确立了实事求是的辩证唯物主义的思想路线，有效地促进了党内团结。在党的七届二中全会上，毛泽东同志向全党发出"务必使同志们继续地保持谦虚、谨慎、不骄、不躁的作风，务必使同志们继续地保持艰苦奋斗的作风"的"两个务必"的号召。社会主义建设和改革开放时期，我们党多次开展整风运动，促进了党的作风不断改进，保持了党的先进性和纯洁性。党的十八大以来，以习近平同志为核心的党中央高度重视党的作风建设，制定和落实中央八项规定，持之以恒正风肃纪，毫不松懈纠治"四风"，开创了新时代作风建设新局面。中国共产党的发展历程中，我们党始终高度重视作风建设，始终贯穿着加强党的作风建设的实践，党的事业与良好的作风始终紧紧地联系在一起。实践证明，作风建设抓得紧、抓得好，事业就会兴盛。

好的作风是干事创业的"基石"。对于民航业这样一个高风险行业，从业人员的工作作风直接关系到民航事业能否高质量发展。作风是一个行业、一个单位的核心价值观和共同行为准则。

作风建设是民航业确保打牢安全基础和提升从业人员整体素质的重要措施，是提升安全运行品质、保持行业安全平稳运行态势的重要基础保障。民航安全从业人员工作作风是指安全从业人员在安全生产运行中表现出的稳定的态度和行为，特别是对指导和规定安全生产运行工作的各种行为规范的心理认同和外在反应。主要包括两个层面：一是精神层面，包含思想观念、思维方式、情感态度、自我认知、道德素养等；二是行为层面，包含对工作的计划、执行、评估、反馈、完善等。它反映出一种对其所从事民航安全工作的认识，一种如何对待民航安全工作的行为方式。分析行业内曾经发生过的一些典型不安全事件，会发现很多问题并不是单纯的技术问题，而是在从业人员有意无意地"错、忘、漏"中慢慢酝酿发酵而来的。许多违反规章制度、手册标准造成的不安全事件乃至事故，很多都与从业人员的作风不严有关。从诸多的实践可以看出，良好的工作作风既是凝聚力、执行力，也是生产力、竞争力，是战胜各种困难、完成艰巨任务的根本保证，作风建设直接关系着工作推进的质量和速度。

安全是民航业永恒的主题，安全管理是保证安全的关键，而安全管理的重点在基层，关键在责任落实，落脚点在风险防控。双重预防机制作为一套基于安全管理的长效机制，其有效落实的根本在于人。如何提高从业人员的业务素质、强化从业人员的责任心，归根到底就是要加强从业人员工作作风建设的问题。因此，为真正开展好双重预防机制工作，应当积极推进双重预防机制与作风建设的有效融合，时刻牢记航空安全事关"国之大者"，深入贯彻总体国家安全观，始终牢记"安全是民航业的生命线，任何时候、任何环节都不能麻痹大意"，坚决落实党中央、国务院、民航局党组关于安全生产工作的决策部署，深入学习贯彻习近平总书记关于加强作风建设的重要论述，把作风建设贯穿双重预防机制工作的各方面，以"时时放心不下"责任做好双重预防机制工作。

（一）双重预防机制与作风建设融合的指导思想

以习近平总书记关于作风建设的重要论述、习近平总书记对民航工作的重要指示批示精神以及习近平总书记关于安全生产的重要论述为总遵循，围绕双重预防机制工作要求，积极推进作风建设，着力提升从业人员思想认识和职业素养，努力实现安全理念与实践经验相统一、岗位职责与专业能力相统一，更好引导从业人员争做"两个维护"的践行者、"三个敬畏"的实践者、安全底线的坚守者、民航高质量安全发展的推动者。

（二）双重预防机制与作风建设融合的基本原则

坚持党的领导。将积极推进双重预防机制与作风建设的有效融合，作为学习贯彻习近平总书记关于安全生产的重要论述和民航安全工作重要批示精神，以及"两个维护"的具体实践。各级党组织要坚持"党政同责、一岗双责"，充分发挥基层党组织的战斗堡垒作用，切实强化对作风建设的领导组织和落实力度。

坚持价值引领。弘扬主旋律，传播正能量，坚守正确的价值导向，将双重预防机制工作深入融合到制度建设、安全文化建设等方面，持续推动对生命、规章和职责的敬畏入脑入心、入言入行。

坚持平时养成。突出从业人员平时养成这个关键，加强日常涵养和培育，坚持解决当下突出问题与打基础利长远相结合，注重引导从业人员加强自我管理，培育良好的职业素养和道德修养。

坚持问题导向。强化问题意识，紧盯双重预防机制工作中的重点领域、重点人员和常出易出、具有普遍性的作风问题，同时高度警惕小概率的"黑天鹅"事件，坚决避免小问题衍生成严重事件，依法依规出实招、治顽疾，解决工作中作风突出问题。

坚持协同联动。汇聚党政工团合力，增强作风建设协同效应，形成大格局，注重手段方法创新，充分利用新技术、新媒介等进一步提升作风建设的实际效能。

（三）双重预防机制与作风建设融合的工作目标

双重预防机制与作风建设融合的总体目标是在推进双重预防机制工作过程中驰而不息推进作风建设，使从业人员的安全理念更加牢固、敬畏意识更加坚固、安全行为更加规范、安全作风更加优良，为巩固安全防线、筑牢安全基础提供有力支撑和坚实保障。

（四）双重预防机制与作风建设融合的实施路径

1. 坚持党的领导

在推进双重预防机制工作时，要把党的领导贯穿始终，发挥好党组织的领导核心和政治核心作用，坚持"安全第一，预防为主，综合治理"方针不动摇，牢固树立安全"底线思维"和"红线意识"，充分发挥党建在作风建设中的引领作用，发挥基层党支部、党小组的战斗堡垒作用，带动和提升从业人员的思想认识，将安全意识贯穿于工作全过程，筑牢安全防线。

2. 做好融合衔接

将作风建设与双重预防机制工作紧密融合，密切衔接，做到与职业道德相融合，树立正确的职业观，注重个人道德修养；与资质能力建设相结合，牢牢抓住"平时养成"这一关键，从"行为、知识、技能、态度"等方面发力，打造作风过硬的专业队伍；与作风教育相结合，做到提前介入、重点突出，加大反面典型曝光力度，以正反两方面典型带动从业人员争做作风建设的参与者、推动者；与"三基"建设相结合，从根本抓起、从源头治理、从本职做起，使作风有效融入基层的各项工作；与安全文化建设融合衔接，两者在价值取向、建设逻辑上具有互补性、契合性和同质性，通过安全文化建设不断深化和丰富的同时，推进从业人员形成良好的工作作风，使两者通过理念融合、主体融合和过程融合在共同提升安全治理水平上相互促进、共同提高。通过系统改进、安全宣传、教育培训等方式不断推动从业人员优良作风养成和业务能力提升，既做到强化精神层面的引领，也规范日常安全作业行为。

3. 健全长效机制

制度建设是安全运行的重要保障，建章立制是作风建设的内在需求，遵章守纪是工作作风养成的重要遵循，做好作风建设与双重预防机制工作相融合，应坚持与时俱进，加强顶层设计，将作风建设细化落实到各项规章制度、流程和标准，以制度建立健全推动作风建设常态化，确保从业人员树立认真严谨的工作作风，养成严格按章运行、按章操作的工作习惯。与此同时，要强化规章执行力度，狠抓规章执行，强化规章和制度的刚性约束，进一步加大规章执行和规章符合性检查力度。

4. 加强教育引导

以加强培训教育为切入点，在从业人员的思想政治教育上持续发力，将对"生命、规章、职责"的敬畏理念和深刻内涵根植到从业人员的心里，做到知敬畏、存戒惧，方能守住底线。充分发挥基层党组织的战斗堡垒作用和党员的先锋模范作用，厚植爱岗敬业的思想，让其成为所有从业人员的价值追求、精神导向。

5. 加强示范引领

在推动双重预防机制建设过程中，各级领导干部既是作风建设的组织者、管理者，也是作风建设的推动者、引领者；既肩负实施作风建设的责任，更肩负引领工作作风的使命，应当在作风建设中率先垂范、以上率下，带头贯彻落实作风建设各项要求，带头提升个人作风修养，带头营造、维护和引领工作的优良风气。广大党员应带头遵章守纪、履职担当，更好汇聚弘扬优良作风的广泛力量，充分发挥先锋模范作用。

6. 创建先进典型

可开展各类优秀班组、示范岗位和先进模范评选活动，积极发现和选树思想过硬、作风严谨、纪律严明的作风建设先进典型，广泛宣传，以点带面发挥示范作用，点面结合引领优良作风，更好引导广大从业人员对比先进找差距，对标典型学长处，以先进典型激励和引领作风建设。同时可提炼、推广作风建设好经验、好做法、好成效，营造良好的作风建设氛围。

7. 建立作风问题负面清单

作风问题导致的不安全事件中，既有从业人员侥幸、麻痹、懈怠等偶发性、习惯性等问题，也有工作不严、不细、不实导致的违规违章等，要通过隐患排查治理、安全检查、内部审核、法定自查以及自愿报告等方式方法去发现和识别典型作风问题，做到举一反三，杜绝苗头性问题和不安全事件的发生，培育和弘扬优良作风，规避和剔除负面作风。负面清单应紧紧围绕作风因素制定，主要表现特征有不敬畏、不诚信、不自省，麻痹、随意、懈怠以及有意违反规章等，形式主义、官僚主义、好人主义，不担当、不作为，不严、不细、不实等。同时应建立负面清单定期更新机制，保持适用性和针对性。

8. 做好评估管理

建立典型作风问题识别、认定、评估程序，明确工作职责、工作流程以及依据标准，通过法定自查、内部检查、安全整顿、安全审核审计、自愿报告、事件调查等途径查找和发现作风问题，并及时研究分析、定性确认。可参照风险管理的理念，以作风问题造成后果的可能性及严重程度为标准，分级管控，分级处置。全面推行作风量化管理，以量化思维持续完善从业人员的作风培养，建立健全作风量化评估体系，合理设置量化评价指标，全方位开展数据采集，密切监控从业人员工作作风状况，动态开展作风行为量化评估，及时发现和纠正偏差，定期开展作风复训，进一步务实作风建设，有力提升职业素养。

9. 建立奖惩机制

将作风建设与安全绩效考核紧密结合，建立健全安全绩效考核机制，完善绩效指标体系，突出作风建设对绩效考核的导向作用，以奖惩手段促进作风建设在双重预防机制工作中的深入开展，把作风建设作为从业人员考核、奖惩的评判依据之一，坚持作风问题全覆盖、无死角、零容忍，紧盯作风问题突出的重点岗位、重点人员、重点环节，对违反工作作风要求的及时提醒、严肃教育、严格处理；对明知故犯、性质恶劣的，尤其是突破规章底线和诚信红线的从业人员，应从重从严惩处；对作风考核表现优良的，可结合评优评先等方式给予正向激励，提高从业人员工作积极性和主动性。

10. 坚持"严"字当头

在日常工作中的"严、细、实"上下功夫，"教育千遍，不如问责一次"，以履行岗位安全职责、明确岗位安全风险为突破口，严肃处理违章违纪、作风散漫等不良行为，杜绝松、软、散的现象，真正将"严"字内化于心、外化于行。坚持抓小抓早抓苗头，及时发现问题，严抓严管，做实做细。

11. 严格落实监管责任

从组织管理层面，要明确从业人员在落实双重预防机制工作中的作风建设职责，加强监督和指导，定期检查从业人员的工作作风状况，及时处理和纠正作风建设检查中发现的问题，监督完成工作作风问题整改。从从业人员自身层面，应注重自身职业素养和职业道德，结合自身工作培养正确的安全意识和行为习惯；应当严格遵守法律法规、行业规章标准、本单位安全运行管理规定和制度，以及本岗位工作程序等。

（五）双重预防机制与作风建设融合的保障措施

加强组织领导。完善职责明确、令行禁止、执行有力的运行机制，确保双重预防机制推进过程中有关作风建设各项工作部署得到坚决执行。各级党组织应充分发挥战斗堡垒作用，将作风建设作为党建与双重预防机制互融互促的重要内容，充分发挥教育、管理和监督从业党员的作用，以及组织、宣传和凝聚从业群众的作用，并引领从业人员积极支持和深度参与作风建设，更好发挥党组织推动双重预防机制与作风建设融合的引领力、战斗力。

加强统筹谋划。各单位应将作风建设工作纳入双重预防机制工作重点，及时研究谋划，及时决策部署，及时跟踪督办，保持工作的推进力度和实施效果。

强化基础保障。将作风建设投入作为安全投入的重要组成部分，切实保障必要的人、财、物，为作风建设持续深入开展并走深走实、见效见成果奠定基础。将作风建设融入本单位双重预防机制工作的制度标准、流程程序、岗位职责以及行为规范中，为作风建设规范、长效开展提供坚实有力的制度保障。

守牢航空安全底线，作风建设是一项必须抓好的工作。而作风建设是一项久久为功的政治课题，只有在推进双重预防机制工作的具体过程中从细微之处做起，紧紧咬住"常""长"二字，才能培养出良好的工作作风，落实"确保航空运行绝对安全，确保人民生命绝对安全"，推动总体国家安全观落实落地，筑牢安全底线的坚实基础。

四、双重预防机制与党建融合

安全是民航永恒的主题。一直以来，党中央对民航安全工作高度重视，尤其是党的十八大以来，习近平总书记对民航安全工作作出了一系列重要指示批示，强调"安全是民航业的生命线，任何时候、任何环节都不能麻痹大意"，要求民航"始终坚持安全第一""要坚持民航安全底线，对安全隐患零容忍"。2021年修订的《安全生产法》明确了"安全生产工作坚持中国共产党的领导"，从法律层面明确了安全生产工作的政治属性。党的二十大报告指出："坚持党对国家安全工作的领导，是做好国家安全工作的根本原则。"这一系列重要指示，揭示了民航工作的本质，体现了我们党以人民为中心的执政理念。

民航工作具有鲜明的政治属性。中国民航脱胎于中国人民军队，有着与生俱来的红色血脉，在中国共产党的领导下，积极落实党的路线方针政策，经历了建设、改革、发展，如今航空安全达到国际先进水平。安全是民航发展的重要基础。做好民航工作必须深刻认识民航安全工作的政治属性，从讲政治高度将安全工作作为头等大事来抓、作为生命线来守护，将政治要求融入安全工作的方方面面，切实加强党的领导。党的二十大报告明确提出"必须坚定不移贯彻总体国家安全观"这一要求，新时期贯彻总体国家安全观，必须牢牢把握新时代党的建设总要求，深入贯彻落实习近平总书记关于安全生产的重要论述和对民航安全工作的重要指示批示精神，坚持党建引领，通过党的建设赋能安全工作，筑牢安全底线，确保"两个绝对安全"。

　　党中央、国务院、国家应急管理部门对安全生产工作高度重视，针对近年来发生的各类安全生产事故作出重要部署，明确要积极构建"风险分级管控和隐患排查治理双重预防工作机制"（以下简称"双重预防机制"）。双重预防机制是一套基于安全管理的长效机制，能够有效解决安全生产工作的诸多瓶颈问题。双重预防机制以风险管控为核心，以现场风险识别和管控为基础，通过系统地识别现场的危险源、根据识别的危险源来制定直接的管控措施，并通过风险的分级管理来有效地防范重特大事故的发生，将安全生产的事故防范关口前移，减少事故造成的人员伤亡以及财产损失。建设和推进双重预防机制能够进一步规范安全生产风险分级管控，完善隐患排查治理体系，实现安全生产纵深防御、关口前移、源头治理，有效降低事故发生的概率，提高安全生产总体水平。相较于安全管理体系（SMS），双重预防机制更强调的是一种"方法论"，它建立在风险管理的基础之上，主要是识别危险源，对危险源进行辨识、分级，分析危险源到事故的这一过程，在过程中分析事故发生的可能性和严重性，确定风险等级，实现分级管控。

　　安全管理的最终目的是要保证安全。党建在安全管理中有着重要作用，具体体现为：党建强调党的领导，党的领导有着强大的组织力和制度运行力，可以为安全管理提供坚强的组织保障，发挥统筹协调作用，推动安全管理体系的建立健全和顺利运行，确保安全政策法规得到有效贯彻执行。党建注重政治建设、思想建设、文化建设等，可以在安全管理中引导员工形成正确的价值观，提高安全意识，激发使命感、责任感。党建可以通过发挥党员的先锋模范带头作用，引导党员在安全管理中发挥表率作用，不仅自身做到模范遵章守纪、严守工作程序，更能带动全员提升安全工作水平，形成浓厚的安全氛围。党建还可以通过发挥监督和指导作用，促进生产运行单位安全管理工作的高效运行。

　　民航局党组始终把党"以人民为中心"的执政理念落实到具体安全工作中，始终把安全作为头等大事来抓，将"加强党建对安全工作的引领、推动党建和业务深度融合"作为提升安全保障能力的重点工作部署推进。双重预防机制作为安全管理的重要组成部分，做好双重预防机制与党建的有机融合，是推动民航生产运行安全健康发展的重要途径，其中的关键是要把握好"党建的核心是人、业务的核心是事，党建与业务深度融合的扣子是管理"这一思路，坚持以理论建设为根本、能力建设为重点、作风建设为基础、制度建设为保证，把党的政治建设、思想建设、组织建设、作风建设、纪律建设以及制度建设融入双重预防机制建设与推进的全过程。

（一）党建与双重预防机制融合的指导思想

习近平总书记强调，党政军民学，东西南北中，党领导一切。从习近平总书记的系列重要讲话中，我们深刻认识到，坚持党的领导、加强党的建设，是我们干好各项事业的"根"和"魂"，是我国各项事业发展的独特优势。做好党建与双重预防机制融合，应当坚定不移地以习近平新时代中国特色社会主义思想为指导，全面贯彻党的二十大精神，深入落实习近平总书记对民航安全工作的重要指示批示，深入贯彻《安全生产法》关于"安全生产工作坚持中国共产党的领导"的要求，切实加强党对安全工作的领导，把推动党建与双重预防机制深度融合作为打好安全工作基础的长远之计和固本之策，形成党建与双重预防机制"同向融目标、同频融运行、同步融发展"的新格局。

（二）党建与双重预防机制融合的基本思路

加强党的领导，突出党建引领，聚焦主责主业，确保安全运行，促进融合发展。围绕中心抓党建，抓好党建促安全，以系统思维推动党建工作和双重预防机制深度融合，全面推进党的政治建设、思想建设、组织建设、作风建设、纪律建设、制度建设，在双重预防机制实践中充分发挥党委核心领导作用、党支部战斗堡垒作用，以及党员领导干部引领示范作用、党员先锋模范作用，以高质量党建引领安全发展。

（三）党建与双重预防机制融合的工作目标

党对安全工作的领导更加有力，党建引领安全的成效更加明显，各级党组织的组织力、凝聚力、战斗力显著增强，生产运行单位安全管控能力显著提升，党建工作与安全发展互融互促互进。

（四）党建与双重预防机制融合的基本原则

坚持党的领导。生产运行单位党委要切实发挥"把方向、管大局、保落实"的领导作用，坚定扛好安全工作的政治责任，按照"党政同责、一岗双责、齐抓共管、失职追责"要求，全面落实安全生产主体责任，从讲政治的高度研究部署双重预防机制的建设和推进。

坚持安全第一。生产运行单位基层党组织要坚持"安全第一"思想不动摇，始终把安全当作头等大事来抓，树牢全员安全意识，以"时时放心不下"的责任感，组织动员广大党员群众牢牢守住安全底线。

坚持分类施策。要结合不同类型、不同领域的党支部的特点，找准推动党建与双重预防机制融合的切入点和着力点，分类指导、综合施治、精准施策。

坚持齐抓共管。各基层党组织要严格落实"党政同责、一岗双责、齐抓共管、失职追责"的安全生产责任制，汇聚党政工团各方力量，团结带领党员和群众共筑安全保障防线、共担安全管理责任、共建互融互促互进新格局。

坚持奖优罚劣。坚持把推动党建与双重预防机制融合成效作为党支部书记年终述职考核的重要依据，作为人才培养使用、绩效奖励惩戒的重要依据，作为评价所在单位部门年度党建工作的重要依据。对于推动党建融合工作不力，存在"两张皮"现象，由此导致发生不安全事件的，依规依纪对相关责任党支部和相关责任人进行追责问责。

（五）党建与双重预防机制融合的实施路径

1. 从政治建设融入，强化鲜明的政治导向

坚持党的领导，以党的政治建设为统领，坚持和加强党对双重预防机制这项工作的领导，深入贯彻落实习近平总书记关于民航安全工作的一系列重要指示批示精神，深刻认识到盯紧自身安全工作就是为总体国家安全和战略安全作贡献、牢牢守住安全就是贯彻落实好"两个维护"的具体体

现，深刻理解"没有离开业务的政治，更没有离开政治的业务"，把牢牢守住安全底线作为捍卫"两个确立"，增强"四个意识"，坚定"四个自信"，做到"两个维护"的具体体现，作为党建的头等大事。

充分认识党建在双重预防机制工作中的重要性，确保双重预防机制工作与党建的高度统一，进一步发扬党的优良传统，发挥党组织的政治作用，把党建工作与双重预防机制同谋划、同部署、同推进、同考核，强化党建融合双重预防机制的责任意识和担当作为，将双重预防机制工作纳入总体安全工作目标、党建工作内容和年度考核内容，把坚持党建引领、系统性防范化解安全运行风险、高质量完成生产运行任务作为衡量支部领导班子建设是否有力的标尺。基层党组织按照相关要求，及时传达贯彻落实上级有关双重预防机制工作部署，研究布置相关工作，在支部计划、总结中有体现。党支部书记认真履行第一责任人职责，加强支部建设，积极主动开展党建融合双重预防机制相关工作，把提高政治判断力、政治领悟力、政治执行力体现到具体工作中去，确保党和国家的路线方针政策在工作中落实落细。

2. 从思想建设融入，加强对双重预防机制工作的思想引领

深入开展学习贯彻习近平新时代中国特色社会主义思想，常态化学习领会习近平总书记关于民航工作的重要指示批示和关于安全生产重要论述，深刻把握总体国家安全观，教育引导干部职工坚定理想信念，牢记党的宗旨，树立人民至上、生命至上的理念，将守住航空安全底线作为贯彻落实"人民航空为人民"的具体举措，确保双重预防机制工作始终沿着正确的方向前进。

党组织应高度重视思想政治工作，运用好谈心谈话、教育引导等思想工作手段，与从业员工开展深入地谈心谈话，了解诉求，听取建议，加强人文关怀，采取针对性措施开展思想教育，确保取得实效。

党组织应加强教育，通过"三会一课"、主题党日、党员教育培训等形式，深入学习领会习近平总书记对民航工作和安全生产的重要指示批示精神，学习贯彻上级有关双重预防机制工作的文件、会议精神等，将党员思想教育、作风教育、廉政教育与双重预防机制工作融合开展，强化思想武

装，增强从业人员的责任感和使命感，鼓励从业人员在双重预防机制工作中带头遵守规章制度，为安全生产提供有力的支持。

3. 从组织建设融入，筑牢推动工作的坚强堡垒

党组织要全面系统掌握自身党建工作质量，做到"胸中有谱""心里有底"，对照《民航系统"四强"党支部建设工作方案》中"政治功能强、支部班子强、党员队伍强、作用发挥强"的建设标准，切实加强自身建设，增强凝聚力、号召力、战斗力，在双重预防机制工作开展过程中，凝聚力量、快速组织、有效处置。在党建引领安全、党建与双重预防机制融合上，有计划、有部署、有举措；在落实上级双重预防机制工作部署上，有精准定位、明确分工，确保政令畅通，一体行动。

党组织要加强对党建融合双重预防机制的监督指导。运行一线类党组织要时刻聚焦主业主责，落实双重预防机制工作建设推进过程中党政同心、目标同向、工作同步；机关类党组织要加强政治机关意识，创建模范机关，推动机关党员干部深入基层、转变作风、促进安全；服务保障类党组织要紧紧围绕双重预防机制工作所需抓好服务保障，提升服务的能力水平。党支部委员要树立身份意识，走出"纯粹党务"的误区，坚持把学习教育、组织生活等党务工作与双重预防机制工作有机结合，主动联系或负责安全重点工作，克服"两张皮"现象，旗帜鲜明地讲政治、抓党建、融安全。

要将双重预防机制工作的开展作为检验党组织的战斗堡垒作用和党员的先锋模范作用的试金石，建立和完善相关工作机制，把业务骨干发展成党员，把党员培养成业务骨干，把党员骨干选拔成领导干部。建立党员先锋队、示范岗、突击队等，充分发挥党员在双重预防机制工作中的先锋模范作用；同时，通过以党支部责任区等联创联动，全面提升党支部的组织力，强化其政治功能，使党的建设基础更加牢固、作用更加明显，确保党的工作在基层扎根，与双重预防机制工作更加有效融合。

4. 从作风建设融入，树立推动工作的正确价值导向

党组织要贯彻落实民航局党组关于加强作风建设的决策部署及各项要求，充分发扬"理论与实践相结合"的作风，组织各类理论学习要避免"教

条主义""照搬照念""脱离实践"的做法，根据实际需求突出重点，确保学习内容针对性强、贴合实际、管用有效；在实践过程中要避免上下一般粗，机械执行，学用脱节。发扬"密切联系群众"的作风，积极调动群众投身到双重预防机制工作中，合理搭配党员和群众共同完成各项工作任务。充分尊重听取群众意见建议，将群众智慧转化为双重预防机制工作建设和推进的有力支撑。发扬"批评与自我批评"的作风，践行"宁当恶人，不当罪人"的理念，把"批评与自我批评"的"法宝"应用到典型案例分析、工作流程复盘，眼睛向内找差距，不留情面谈问题。

持续深化从业人员作风建设的宣教和培训，要紧紧盯住违规违章等错误行为以及不敬畏、不诚信，侥幸、麻痹、盲目、懈怠、散漫等不良作风倾向，敢于斗争，善于斗争，从细节入手，养成良好风气习惯；要持久抓，见长效。对顽固作风问题必须反复抓，扭住不放，久久为功，引导党员职工从精神层面加强自我修养约束，慎独慎微、自省自律，从行为方面遵章守纪、爱岗敬业、乐于奉献。

党组织要通过安全文化建设促进作风建设，以确保"两个绝对安全"为目标，以"生命至上、安全第一、遵章履责、崇严求实"为价值导向，弘扬当代民航精神、中国民航英雄机组精神、工匠精神，培育忧患文化、责任文化、法治文化、诚信文化、协同文化、报告文化、公正文化、精益文化、严管厚爱文化、求真务实文化，形成人人有责、人人尽责、人人享有的安全文化。党员领导干部应当发扬密切联系群众的优良作风，深入基层调研，加强与基层班组、一线员工的联系，切实做到"领导干部到班组"，充分发挥作风建设引领和推动作用，做到率先垂范、以上率下，带头落实各项安全工作作风要求。

党组织将作风建设作为党建与双重预防机制互融互促的重要内容，充分发挥党组织教育、管理和监督安全从业党员，以及组织、宣传和凝聚安全从业群众的作用，督促党员带头学精神、守规章、尽职责、树形象，引领全员积极支持和深度参与作风建设。

5. 从纪律建设融入，坚持严的主基调不动摇

党组织要坚持严字当头，严格管理，充分认识到纪律越严明，工作推

进就越有保障。一方面，要加强监督检查，及时发现在双重预防机制工作中违反政治纪律、组织纪律、工作纪律要求等情况，深入分析和排查双重预防机制工作中的廉政风险，切实制定防控措施，规范权力运行，对双重预防机制工作中存在的失职和不廉洁问题进行严肃处理。另一方面，要以正面引导为主，严管与厚爱结合，定期开展安全教育和不安全事件警示教育，引导干部职工知敬畏、存戒惧、守底线，做到敬畏生命、敬畏规章、敬畏职责；通过奖勤惩懒、奖优罚劣，倒逼安全责任的落实，切实把强化纪律意识作为提升党组织战斗力的重要保证。同时，还要打通基层监督的"神经末梢"，切实发挥纪检队伍的监督职能，聚焦小微权力的监督，抓早抓小，防微杜渐，营造风清气正的良好环境。

6. 从制度建设融入，调动推动工作的主动性、积极性、创造性

树立系统观念，推动党建工作手册与双重预防机制工作程序的有效融合，建立健全规章制度，规范工作流程，创新党建与双重预防机制融合模式，增强党建切入双重预防机制的能动性、精准性、实效性。探索把"主题党日"打造成支部党建切入双重预防机制工作的重要平台。开展"主题党日+学习交流"，讲典型案例、思安全问题，谈落实举措；开展"主题党日+课题攻关"，聚焦工作难题，通过立项攻关、创新创效。建立双重预防机制工作绩效与履职考核、职务晋升、奖励惩处挂钩制度，严格落实安全生产"一票否决"制度。

要在制度建设过程中形成闭环落实机制，按照"教育—指导—要求—检查"的逻辑，形成党组织抓双重预防机制工作落实闭环。第一步，"教育"，通过宣贯营造氛围，统一思想，凝聚共识。第二步，"指导"，在细节上精准指导，在环节上精准把控。第三步，"要求"，做到事有专管之人、人有专管之责、事有限定之期；第四步，"检查"，整体评估工作实效，督导督促任务落地见效。

（六）党建与双重预防机制融合的工作要点

（1）坚持党建引领，强化政治意识。高质量党建是高质量发展的引领和保障，各级党组织要旗帜鲜明突出民航工作的政治属性，以对党和国家

事业高度负责的态度，在提高党的建设质量和加强党对工作的领导上形成高度的思想自觉、政治自觉和行动自觉。

（2）坚持履职尽责，强化责任意识。要压紧压实各级党组织主体责任，凝心聚力、团结队伍，提升履职能力，强化责任落实，统筹规划，建立相应工作机制，有力推动党建与双重预防机制融合上下联动，整体推进。

（3）坚持开拓进取，强化创新意识。各级党组织要坚持解放思想、实事求是、与时俱进、求真务实，转变思想观念，创新方式方法，勇于探索新模式和新路径，结合自身特点广泛开展活动，开创党建创新、融合发展的新局面。

（4）坚持问题导向，强化目标意识。各级党组织要坚守安全底线，树立系统观念和大局观念，坚持目标导向、问题导向、结果导向，查找目前党建与双重预防机制融合工作存在的不足，抓重点、补短板、强弱项，细化落实举措，瞄准目标抓好落实。

第四章

中飞院双重预防机制实践工作

近年来，国内先后发生广东珠海某快线一标段工程某隧道"7·15"重大透水事故、"2·22"内蒙古某煤矿特别重大坍塌事故、"6·21"宁夏银川某烧烤店特别重大燃气爆炸事故、"1·24"江西新余市一临街店铺火灾等重特大安全生产事故，通航领域2023年发生一般飞行事故10起，较大飞行事故1起。凸显出生产经营单位安全风险管控能力不足，存在着"认不清、想不到、管不到"的问题，部分小型通用航空综合治理能力不强，安全管理能力偏弱，双重预防机制建设情况滞后。为通航有效实施双重预防机制，提高风险预控能力，本章以中国民用航空飞行学院（以下简称"中飞院"）为研究对象，全面探索通航训练单位双重预防机制的建设，以减少事故发生，提高安全管理水平。

本章主要论述中飞院以及运行一线训练分院双重预防机制实践工作。

一、中飞院概况

中国民用航空飞行学院，创建于1956年，是中国民航局直属的部省共建本科高校。在四川新津、广汉、绵阳、遂宁和河南洛阳建有5个飞行训练分院，管理运行5个通用和运输机场，在四川自贡、重庆永川、山西芮城建有3个训练基地，拥有奖状CJ1/M2（Cessna525）、新舟600（MA600）、西门诺尔（PA-44-180）、赛斯纳172（Cessna172R/S）、西锐20（SR20G3/6）、钻石42（DA42NG）、钻石20（DA20-C1）、阿古斯塔AW109（AW109SP）、罗滨逊R66（Robinson R66）、罗滨逊R44（Robinson R44）等20种型号近400架初、中、高级教练机，以及空客、波音等40台飞行模拟机和练习器。

学院作为国家全过程培养民航高素质人才的主力军、主渠道、主阵地，经过近70年的建设发展，形成了理、工、文、管、法、艺、教育多学科协调发展，以培养民航飞行员、工程技术和民航运行管理人才为主的办学格局，其中全民航 70%的飞行员、80%的机长、90%的功勋飞行员从这里启航，被誉为"中国民航飞行员的摇篮"，成为世界民航职业飞行员培养规模最大、能力最强、安全最好、质量过硬，享誉国内外民航的高等学府。

每个训练分院组织机构和人员配置基本相同，主要涵盖飞行训练、运行管理、学生管理、安全管理、机务维护、空中交通管理、机场管理、安保/消防，油料等业务工作，被称为民航界中的"小民航"，涉及航空器空中停车、航空器空中小于安全间隔、航空器空中重要系统重特大故障、跑道入侵、超高障碍物类、短窄跑道类、人员疲劳、电气消防等各类风险，涉及跨部门工作多，点多面广，双重预防机制建设工作更加复杂、困难。

二、双重预防机制建设

（一）上位法概述

2007 年，原国家安监总局在《安全生产事故隐患排查治理暂行规定》中首次提出建立事故隐患排查治理长效机制。2016 年国务院安委办在《关于实施遏制重特大事故工作指南构建双重预防机制的意见》中首次提出了安全风险分级管控和隐患排查治理双重预防机制的概念。2019 年中国民用航空局《民航安全隐患排查治理长效机制建设指南》，系统梳理了民航安全隐患排查治理的概念、流程和要求。2021 年，新修订的《安全生产法》明确将建立双重预防机制列为生产经营单位主要负责人的法定职责。

（二）安全管理组织简述

中飞院航空安全委员会是学院安全管理决策的最高权力机构，下设航空安全委员会办公室，设在航空安全办公室作为其常设机构和执行机构；训练分院成立分院级航空安全委员会，作为分院安全管理决策的最高权力机构，分院安全监察部（以下简称"安监部"）为航空安全委员会办公室。

《安全生产法》第三条第三款指出："安全生产工作实行管行业必须管安

全、管业务必须管安全、管生产经营必须管安全，强化和落实生产经营单位主体责任与政府监管责任，建立生产经营单位负责、职工参与、政府监管、行业自律和社会监督的机制。"第五条指出："生产经营单位的主要负责人是本单位安全生产第一责任人，对本单位的安全生产工作全面负责。其他负责人对职责范围内的安全生产工作负责。"中飞院贯彻落实安全生产法要求，主要负责人对单位双重预防机制全面负责,各分院负责人对分院双重预防机制负责，分院各分管负责人对分管业务范围内的双重预防工作机制负责。

（三）厘清关系

双重预防机制是指两层次的预防措施：首先，通过有效的风险管控，防止风险控制措施本身出现隐患，这是第一层预防；其次，对于风险控制措施中出现的隐患，能够及时发现并处理，以预防事故的发生，这是第二层预防。民航企事业单位如何正确理解风险管理与安全隐患排查治理的关系和作用，以及如何系统地开展安全隐患排查工作，对于构建安全风险分级管控和隐患排查治理双重预防机制,实现遏制重特大事故发生尤为关键。

安全风险分级管控是一种系统性的风险管理方法，是指在一项工作开始之前，辨识生产运行过程中必须存在和面对的、可能会发生意外释放的能量、危险物质或环境，通过分析评估，划分风险等级，制定并实施分级管控措施的过程。这个过程要求我们识别出潜在的危险物质和能量，评估在特定条件下可能发生的事故类型，并全面检查现有的风险管控措施是否有效。基于风险评估标准对风险点进行评级，然后由不同级别的管理人员实施相应的管控措施，将风险等级降低至可接受的水平。由于分级管控措施仍有可能存在缺陷、漏洞或失效，隐患排查治理则是对已经实施的风险管控措施进行全面的检查和管理，以便及时辨识和弥补分级管控措施的缺陷、漏洞或失效，排查风险管控措施实施过程中存在的薄弱环节。这一过程确保了风险点的管控措施能够持续有效地运行。

1. 与安全生产标准化

双重预防机制与安全生产标准化之间存在着密切的联系。中飞院安全生产标准化主要针对航空安全，涵盖航空器和设备、飞行操作、航空器维护、航空安全管理、事故调查等方面的标准化建设，其目的是建立一个全面的安全管理框架，涵盖从风险评估到应急准备的所有方面。双重预防机制并不能替代安全生产标准化，因为它只是后者的一部分。双重预防机制强调的是对风险和隐患的管理，而安全生产标准化提供了一个更广泛的安全管理框架。实际上，双重预防机制的实施应该被视为实现航空安全生产标准化目标的一种手段。

中飞院在推行航空安全生产标准化的过程中，具体落实在双重预防机制工作实施中。中飞院高度重视双重预防机制的实施，努力确保风险管理和隐患排查治理工作细致、规范和科学，从而达到预防事故，提高安全管理水平，确保航空运行绝对安全和人民生命绝对安全。中飞院双重预防机制聚焦于两个核心活动，即"风险分级管控"和"隐患排查治理"。在日常工作中，中飞院和各分院持续对潜在的危险源进行识别及评估，将其进行分类，并根据风险等级采取相应的控制措施。同时，定期进行隐患排查，确保所有的风险点都得到妥善管理，及时发现并处理任何可能的安全隐患。

2. 与 SMS 体系

前文已详细阐述了双重预防机制与安全管理体系的关系。风险管理是 SMS 的核心，民航 SMS 的风险管理与双重预防机制中的风险分级管控仅名称不同，内容是相同的；民航 SMS 中的"预防纠正措施"与双重预防机制中的"隐患治理措施"功能是相同的。民航 SMS 的安全保证功能及过程与双重预警机制中的隐患排查治理的功能和过程也是一样的，只是 SMS 更强调风险管理贯穿于生产运行始终，是持续的过程，通过信息获取作为负反馈机制持续、实时实现"安全保证"功能，而双重预防机制强调隐患是第二重防御，未明确持续、螺旋式上升的循环方式。

三、中飞院双重预防机制具体实施

（一）明确职责，成立机构

学院主要负责人是本单位安全生产第一责任人，对本单位安全生产工作全面负责，在 SMS 框架内组织建立并落实双重预防机制，航空安全办公室负责协调、指导学院范围内双重预防机制的建立和落实，生产运行单位和运行支持部门的主要负责人是本单位/部门安全生产第一责任人，督促、检查本单位/部门的安全生产工作，及时消除安全隐患。其他负责人按照"三管三必须"的原则对职责范围内的安全风险分级管控和隐患排查治理工作负责。

　　为确保双重预防工作机制顺利建设、有力落实、发挥效能，学院由院长牵头成立双重预防机制建设领导小组，由主要负责人担任组长；各生产运行单位同时成立领导小组，由本单位主要负责人担任组长，其他领导和部门负责人为组成成员，主要负责机制建设的日常事务，以及协调各单位推进落实双重预防机制建设工作。学院建立主要领导牵头、分管安全领导组织、航空安全管理部门统筹监管、运行部门主要领导全程督办、科室负责人具体负责、岗位员工全面参与的各层级自上而下、有效衔接、整体联动的工作机制。学院、分院安全管理组织架构如图 4-1和图 4-2 所示。

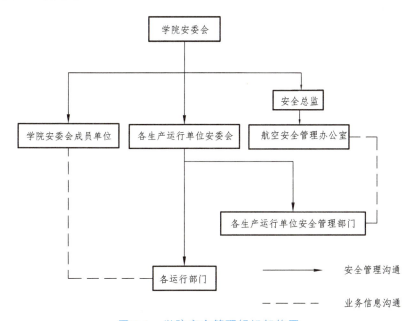

图 4-1　学院安全管理组织架构图

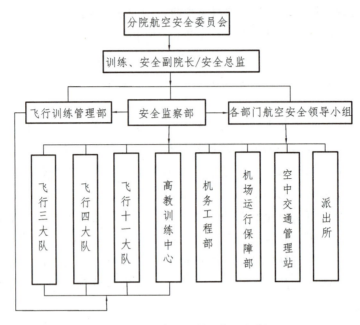

图 4-2　某分院安全管理组织架构图

（二）谋划部署，学习宣贯

学院各单位结合近期民航局对双重预防机制的宣传内容，科学谋划精心部署，分层级、分阶段组织全体人员认真学习领会《民航安全风险分级管控和隐患排查治理双重预防工作机制管理规定》《关于落实<民航安全风险分级管控和隐患排查治理双重预防工作机制管理规定>的通知》等文件通知，组织相关人员集中学习了局方对"管理规定"的解读以及双重预防机制与法定自查融合工作推进会，并多次通过安委会等会议，宣贯并强调双重预防机制建设的要求和必要性；在单位内开展双重预防机制的宣贯工作，前期召开的两次专项会议中，结合"安全生产月"等活动，邀请专家对相关要求进行解读，并邀请基层管理者对双重预防机制的初期建设经验进行分享研讨，将公司经验转化为学院双重预防机制的建设智慧，为后续的双重预防机制建设以及 SMS 有机融合做了充分铺垫，多措并举，确保安全相关人员培训全覆盖、无死角，吃懂、吃透双重预防机制的内涵，为下一步工作的顺利开展打牢基础。

（三）严抓标准，信息驱动

学院在印发《航空安全风险分级管控和隐患排查治理双重预防工作机制管理程序》的同时，对标局方要求开展了学院危险源清单、安全隐患清单的修订完善工作，就填报规范对各分院各部门进行了培训说明。《民航飞行学院重大安全隐患专项排查整治 2023 行动工作方案》下发后，学院立即在月度安全形势分析会上组织专题学习，明确重大隐患定义、范围以及内容，各部门会后立即对照自查，推进安全隐患排查治理工作走深、走实。以"人人辨风险，个个查隐患"为主题，开展全院范围内"风险隐患随手拍，争当安全吹哨人"活动，通过多种途径鼓励员工报送日常运行中存在的风险隐患，将收集到的风险隐患进行分类并纳入危险源隐患清单进行持续管控，发挥广大一线从业人员安全工作中的主体作用，进一步提高学院的双重预防工作机制建设水平。

各分院在系统试验运行阶段，根据局方和学院要求，在信息化系统中重新构建危险源清单和安全隐患清单，定期在信息化系统中填报排查出的危险源和安全隐患，安全管理部门指定专人对报送情况及填报规范性进行指导和考核，并将其纳入安全绩效管理，促进风险管理和隐患排查工作逐步规范化、标准化。结合训练工作实际制发"安全隐患排查治理"样例，对隐患排查治理工作的实施及数据填报进行更具体的提示、说明。梳理单位中小机场安全专项整治、SMS 综合外审、法定自查、自愿报告、安全检查、事件调查、安全评估等工作，将识别出的新危险源、安全隐患纳入新清单闭环管理。切实落实"分级管控"原则，通过系统分析、变更管理等方式识别和控制运行中的危险源，如组织 SMS 风险管理小组开展无线电频率试用、自贡基地航空器与无人机飞行冲突等专项风险评估，对风险控制措施效果未达到预期或新的风险进行研讨，并制定防控措施。学院各单位、各层级依托安全信息管理、安全绩效监测、变更管理等工作，深入开展危险源辨识与安全隐患排查，在实际工作层面将 SMS 与双重预防工作机制深度融合，初步实现一体化运行。

（四）审核验收，巩固实效

在双重预防工作机制建设的过程中，我们可以结合法定自查、SMS 内部审核、初始运行前安全工作检查等工作，从单位安全职责，安全系统描述，安全风险分级管控制度的建设、实施，安全隐患排查治理制度的建设、实施，重大风险、危险源、安全隐患的治理，外包方安全管理等 6 个大的方面开展审核评估（见图 4-3）。

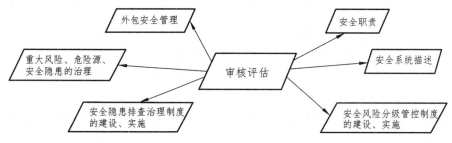

图 4-3　双重预防审核评估的 6 个方面

审核评估确保双重预防机制的组织管理机构健全，各层级人员职责明晰；宣贯、培训到位，人员资质能力满足要求；现有安全管理体系各接口与双重预防机制共融互通；能紧密结合飞行训练管理、适航维修管理、机场管理、空中交通管理空防/安保/消防管理等多个专业的具体实际，开展安全风险分级管控，隐患排查治理。

学院将双重预防机制融入飞行训练安全管理系统（以下简称"安全系统"），系统建立危险源库与安全隐患清单两个模块，用户由学院领导、各运行支持部门，以及运行单位的领导、安全管理人员组成，后期会覆盖到一线运行人员，做到风险隐患的全方位共享，让岗位人员明确知晓本岗位的风险隐患，及时管控规避。

安全系统将危险源库与安全隐患清单单独建模，再根据《民航安全风险分级管控和隐患排查治理双重预防工作机制管理规定》中风险和隐患的关联性，如果是在危险源管控措施弱化的基础上衍生的安全隐患，则在上报安全隐患时加入"关联危险源"选项，有效打通安全隐患与危险源之间的壁垒，持续提高双重预防机制的融合能力。

安全系统在双重预防与其他工作的融合中也做了很多设计，包括将自愿报告、强制报告、法定自查等工作的检查/调查结果纳入危险源/隐患进行持续管控，在安全绩效指标库中设置风险隐患的评测指标，如"危险源库/安全隐患清单更新率""安全隐患按期关闭率""风险管理启动率（如变更或建立与安全相关的组织机构；新基地建立、航线变更或开辟等；变更或建立运行程序/标准；发生严重事件、征候、事故）"等内容。

四、分院双重预防建设

（一）成立专项工作组

为有效整合风险管理和安全隐患排查治理人力资源，持续推进安全管理体系建设，提升安全管理效能，分院本着层次分明、结构合理、控制数量、专业性强的原则，成立"分院风险管理与安全隐患排查治理工作组"，确定工作组人员名单及其职责。分院各部门根据本部门实际，均成立了部门级风险管理与安全隐患排查治理工作组，并定期开展相关工作，选派本部门工作组成员参与分院研讨、培训与调研工作，提升本部门安全管理水平。

分院共组织召开 3 次"安全隐患排查治理工作会"：2022 年 4 月组织第一次工作会，各部门汇报风险管理与安全隐患排查治理双重预防机制建设建立情况，风险与隐患相关工作开展情况和部门级风险与隐患工作组建立情况；分院重点明确了局方对双重预防机制台账管理要求，提出台账专人专管要求，明确工作开展情况与分院安全工作绩效考核和作风量化考核挂钩，并对各部门双重预防机制存在的问题提出工作建议。2023 年 4 月召开第二次工作会，分院重点对各部门提出双重预防机制相关问题进行解惑，并对部门两项清单填写进行问题反馈，提出工作要求。2024 年召开第三次会议，以提升部门双重预防机制能力为目的，对重点概念进行重点区分，绘制适用于一线员工使用的双重预防机制工作流程图，提高执行层面的专业能力。其中，隐患类别优先识别类型 1 和类型 2，如识别为类型 3，则应该进一步归类细化，便于信息分析和整改关闭，具体如图 4-4 所示。

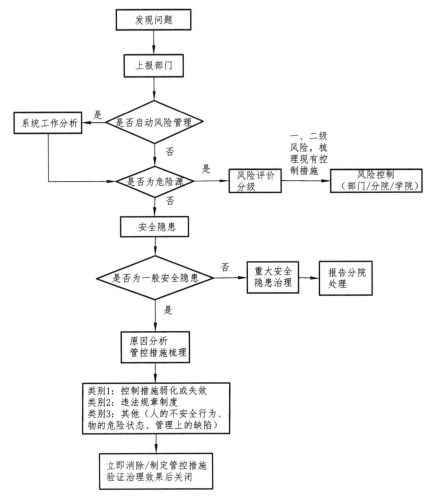

图 4-4　双重预防机制工作流程图（部门）

（二）总体制度建设

　　分院在学院建设方案基础上，按照分院训练实际，结合各运行部门工作性质和特点，于 2023 年 1 月印发分院《2023 年航空安全风险分级管控和隐患排查治理双重预防工作机制建设方案》，成立了分院院长、书记任组长的建设领导小组，将具体建设路线分为 5 个阶段，明确各个任务阶段的工作目标。各业务部门结合部门工作，逐级制定部门级双重预防机制建设方案，明确分工、要求和期限。

建立分院/部门两级双重预防工作机制，对标双重预防机制相关工作要求，分院全面、深入梳理、分析了分院现有安全风险管控、隐患排查体系。根据分析、评估结果，修订了分院《风险管理程序》，编制发布了分院《航空安全风险分级管控和隐患排查治理双重预防工作机制管理规定》（GHN-ASMP-43-R0），修订分院《危险源清单》和《安全隐患清单》，在满足局方清单格式的基础上，增加填写说明行，明确各要素填写要求；在危险源清单增加"发现时间"要素，完善危险源信息。

结合分院管理体系建设及治理能力提升工作，分院各二级部门编制了部门安全管理手册，安全管理工作程序手册，制定部门双重预防机制长效制度，修订部门级危险源清单，安全隐患清单，建立双重预防机制台账并动态管理。

（三）责任落实

1. 落实全员安全生产责任制

建立健全分院级、部门级长效机制。分院编制完成《广汉分院全员安全生产责任制管理规定（试行）》，强化顶层设计，统一部门级"安全生产责任考核评估标准"格式，内容囊括安全责任清单、安全履职清单、履职/考核标准等。如今，分院各部门（含机关单位）全部完成部门/单位全员安全生产责任制管理规定编制，满足分院相关要求。

分院《全员安全生产责任制管理规定》第 45.2 节"全员安全生产责任"中写道："分院安全生产主体责任包括建立健全安全管理体系（SMS），构建并实施安全风险分级管控和隐患排查治理双重预防机制，及时消除安全隐患，有效防范化解安全风险。"在对分院第一责任人和部门负责人安全生产责任中，均明确提出要建立双重预防机制，按规定参与或独立开展危险源识别，风险分析和评价分级，以及拟定风险控制措施，及时排查治理职责范围内的安全隐患。旨在落实安全第一、预防为主、综合治理的方针，强化分院在安全生产中的主体责任，明确各岗位的责任人员、责任范围和考核标准，预防和减少安全生产事故，促进分院高质量、安全、可持续发展。2023 年，安监部针对分院管理体系与治理能力建设，开展了 4 次专项检查。

2. 党政领导干部航空安全责任实施细则

加强并落实党政领导干部对航空安全工作的领导责任，建立健全航空安全责任制，树立安全发展理念，根据相关法律法规、党内法规等有关规定和学院相关要求，结合工作实际，分院 2022 年 7 月 26 日发布《广汉分院党政领导干部航空安全责任实施细则》，在分院党委和行政领导班子航空安全职责第一条，要求"积极构建风险分级管控和安全隐患排查治理双重预防机制，及时消除生产安全事故隐患"；在分院行政负责人、分院其他领导以及各部门/单位党政领导干部的航空安全职责中，均明确要实施双重预防工作机制，对航空安全工作进行安全监督检查、巡查、考核等工作。

3. 航空安全工作绩效考核

为强化安全生产"四个责任"落实，不断推进分院 SMS 体系建设，提升安全管理效能和安全运行水平，规范分院航空安全绩效管理和考核工作，充分调动各单位和全体从业人员保证安全、提高质量的积极性，营造争先创优的工作氛围，分院编制发布《航空安全工作绩效考核管理程序》，对分院各部门开展安全工作绩效考核。其中指标 B7.1 ~ 7.4、指标 B8.1 ~ 8.4 均是对安全隐患排查治理信息和风险管理相关内容的考核指标。举例说明，如果部门未开展隐患排查治理或隐患排查治理不到位，对相关部门月度分值直接扣除 30 分；隐患相关问题治理效果差，或未整改闭环，每条视情扣 3~5 分；隐患信息到期未在系统关闭，或隐患排查治理台账记录不规范，每条视情扣 1 ~ 3 分，满分为 100 分，部门年度总分直接和所属全体员工的绩效挂钩。分院 2023 年双重预防机制方面共处罚部门 11 次，多数为隐患信息到期未及时关闭。

4. 作风量化考核

分院持续深入开展安全作风建设，成立"广汉分院安全从业人员工作作风建设领导小组"，由分院院长、书记任组长，各党总支、党支部充分发挥领导核心作用，严格按照"党政同责、一岗双责"的要求，党、政负责人对本部门作风建设工作负领导责任。为持续推进分院安全作风建设走深走实，防止违章违纪操作、运行，降低人为原因不安全事件发生率，将"敬畏生命、敬畏规章、敬畏职责"作为作风建设的内核要求，持续提升从业人员作风水平，守住安全底线，保证飞行安全，分院以飞行、机务两支主要队伍为抓手，开展飞行人员和机务人员作风量化考核，再逐步推行全员作风量化考核。飞行人员作风量化考核管理办法包含目的、适用范围、依据、实施程序、实施办法、处罚、生效时间和附则。附件包括《飞行人员作风量化考核项目指标》《飞行人员作风量化考核表》和《广汉分院飞行人员典型工作作风问题负面清单》，其中，考核项目指标 18.4 要求飞行部门应按要求完成风险管理和隐患排查治理工作；在负面清单中隐患相关内容共有 7 条，主要体现为"未明确各级领导干部在风险管理、隐患排查治理等工作中主体责任的""未依据'三个必须'和'党政同责'原则，开展职责范围内风险管理、隐患排查治理、等工作的"以及"对职责范围内典型风险隐患不清楚，对措施落实情况不掌握的"。

（四）重大安全隐患专项排查整治

为贯彻落实习近平总书记关于安全生产重要论述，按照"学院专项行动方案"要求，分院编制"重大安全隐患专项排查整治 2023 行动"工作清单，压紧压实安全生产主体责任，防范化解安全风险，排查消除安全隐患，严格落实专项行动各项要求，有效提高分院安全防范水平。分院开展隐患专项整治，修订、发布广汉分院重大安全隐患自查清单。针对重点安全问题，建立分院核心危险源清单（共 12 项）、典型安全隐患清单（共 10 项），逐项制定防控措施，结合各运行部门实际，分层级制定细化落实举措。

（1）落实单位主要负责人第一责任。分院主要负责人带头学习研究了民航重大安全隐患判定标准、重点检查内容以及工作清单，内容包括《民航重大安全隐患判定标准（试行）》、分院《重大安全隐患专项排查整治 2023 行动工作清单》和分院《重大安全隐患自查清单（2023）》等。针对局方重大安全隐患判定标准（试行），分院认真组织全文学习，严格标准，内容要求全部参照执行，就其中每个情形明确落实责任部门，厘清职责；同时，及时修订"分院重大安全隐患自查清单"，全面覆盖、不留漏洞，有效管控各类安全隐患。分院领导专题研究分院专项行动开展情况。主要负责人带队检查分院各部门双重预防机制建设和重大隐患排查治理情况。按照分院《重大安全隐患自查清单》，各部门结合行业运行实际，深入开展重大安全隐患自查工作，未发现重大安全隐患，部门排查出安全隐患 18 条，危险源 3 条，目前已全部整改闭环。分院结合月度安全运行形势分析会增加专项模块，分院领导就检查发现的问题在分析会上进行讲评并完成工作部署。

（2）为深入排查治理各类安全隐患，持续提升分院飞行训练和运行保障工作品质，在分院开展重大安全隐患排查治理期间，分院院长牵头，安监部、飞管部会同各部门主要负责人成立综合检查组，对分院安全运行重点工作落实情况开展了综合运行检查，旨在找出冰山下的风险隐患，并坚决将其控制在地面。

（3）分院组织危险作业、关键岗位、外包外租等排查整治。机场运行保障部每月对助航灯光改造工程开展专项隐患排查整治行动，主要包括不停航施工监管、动火消防、人员教育培训与考核、施工区域安全管理等方面。对助航灯光绝缘电阻不满足标准要求、进近灯光线路施工未掩埋、助航灯光改造标记牌等新设备的投入使用等安全隐患进行梳理，修订管控措施和管控内容，通过不停航施工现场监管、项目技术交底、日常设备设施巡查等对安全隐患/危险源进行管控并实施跟踪。

分院组织相关部门召开机场要害部位相关部门安保协调会，制定了要害部位安保制度，明确各方要害部位安保职责，使机场要害部门的管控能力进一步提升。分院围绕空防、治安、消防 3 个方面，分别对机务、空管及机场驻场单位进行专项安全检查，发现普遍存在消防档案缺失、设施设备管理的问题。机务部组织开展动火作业、用电用气、机坪运行、危废品回收、特种作业资质专项排查整治，消除安全隐患。

（4）补短板、强弱项，组织开展各层级应急救援演练活动。分院各层级积极参加学院组织的综合应急管理能力提升专项培训，不断提升应急管理思想认识、理论水平和处置能力。严格落实分院应急演练年度计划，开展无脚本演练，让演练更贴近实战，更有效地检验人员应急处置能力水平，从而真正发现问题。从组织、系统层面不断强化对演练发现问题的整改、落实，从管理体系层面提升应急处置能力水平。

分院层面，在"安全生产月"组织开展了航空器双发空停场内迫降综合应急演练，分院各应急救援小组和驻场单位参加，发现问题完成闭环；部门层面，飞行大队开展机长训练着落冲偏出跑道、SR20G6 机型发动机故障紧急迫降应急演练；机务部结合行业特点，开展"DA42NG 飞机着陆过程起落架放不到位"应急桌面演练；空管站开展塔台通信中断应急处置演练、集中监控通信中断应急演练；派出所结合自身业务特点组织开展消防应急演练，机场非法入侵双盲式警情处置应急演练等；机保部组织开展广汉机场防汛、废液泄漏应急演练等。

（五）工作亮点

1. 制度公开

分院自主搭建基于企业微信的办公平台，即 SAAS 系统。自推广以来，该系统在安全管理、训练运行、机务管理、机场保障管理和空管站管理工作中发挥了较大的作用，畅通了信息报送渠道，提高了各项工作管理效能。分院计划对现有 SAAS 系统平台，进一步扩容、优化。对目前各部门内控的每日训练运行不正常情况信息进行有效整合，逐步在分院领导、安全管理部门、训练管理部门、部门党政领导、部门安全管理人员中实现信息共享。按照训练质量、安全两个渠道进行相关信息的收集、分析，信息驱动管理，解决"灯下黑""冰山下"问题，有效提升风险防控/隐患排查能力。

在 SAAS 系统-航空安全管理-安全信息管理模块，分院对各部门双重预防机制开展情况进行月度审核评估，择其中典型或需跨部门处理的问题纳入分院管理范畴，持续跟踪关闭。依托 SAAS 平台，分院将双重预防机制相关管理程序和分院两项清单在安全运行管理-公开制度中进行公布，并在月度安全会议上将当月核心危险源和典型隐患进行通报。同时，针对行业问题，分院要求各部门根据业务属性分工，在学院飞行训练安全管理系统中按时查询其他同属性部门上报危险源和安全隐患情况，举一反三，全面排查整治各类风险隐患。

2. SMS 外部审核

"十四五"时期，民航局把优化和改进 SMS 作为深化改革工作的重要专项部署。SMS 审核是验证 SMS 过程是否合规、确认 SMS 效能是否达到目标、及时发现改进 SMS 的机会和方向的有效工具。在学院指示帮助下，分院委托中国民航科学技术研究院（以下简称"航科院"）于 2023 年 11 月 29 日至 12 月 6 日对各系统开展安全管理体系（SMS）外部审核工作。审核期间学院航安办现场督导，分院安监部全程配合。

此次审核主要采取人员访谈、文件查阅等方式，重点对分院 SMS 体系建设 4 大支柱、12 个要素以及部门建设、落实情况进行审核。审核工作内容主要包括安全政策和目标、安全风险管理、安全保证、安全促进 4 个部分，涵盖安全管理承诺与责任、安全责任制、应急管理、安全管理制度程序、安全管理体系文件、风险管理、隐患排查治理、安全检查、安全信息管理、安全绩效监测与评估、培训与教育等多个方面，涉及飞行、机务、机场管理、空管气象/通导设备、消防/安保多个业务模块。

对于 SMS 建设或双重预防机制建设来说，更重要的是保证方案在企事业单位中落地生根，在制度程序建设、实施落实、与运行相结合等方面逐渐成熟，对保障各企事业单位的安全运行发挥实际的作用。这要求局方和各企事业单位要采取切实可行的方式、手段，对方案进行持续监督管理，推进各企事业单位相关工作的深入开展，使各企事业单位建立起自我改进、自我完善的安全管理机制，切实发挥 SMS 的作用。

外审检查提出分院存在风险管理程序中"制定分院风险管理工作计划、视情组织开展演练"等无法落地的表述，各类安全管理活动发现的问题并未能纳入分院隐患清单，安全隐患、危险源描述不准确等问题。通过此次高水准的"问诊把脉"，分院以审核思路为指引，以问题为导向，制定切实有效的管控措施，梳理分院内部审核管理程序，启动分院航空安全管理程序有效性、科学性和可操作性审核工作，修订双重预防机制管理程序，开展全员相关教育培训，提高分院双重预防机制建设水平，推进分院 SMS 工作，提高分院安全管理质量和安全运行效率，促进分院高质量、安全发展。

3. 法定自查

法定自查指民航生产经营单位以监管事项库为基础建立法定自查事项

清单，并利用法定自查事项清单，采取技术、管理措施，持续检查、监控生产经营过程各要素、各环节，落实作为民航安全管理体系核心的风险分级管控和隐患排查治理制度要求，及时纠正偏差、消除隐患，主动符合适用的民用航空相关法律、法规、规章、行政规范性文件、标准等要求的活动。

通航训练单位法定自查总体处于摸索阶段，部分单位尝试性实施了法定自查。分院自 2021 年起持续开展法定自查工作，在法定自查具体实施中，以"事前有计划，事中有标准，事后有闭环"为指导，严格过程监管。检查前，发布工作计划，召开法定自查准备会；检查时，严格检查单标准，查有所依；检查后，召开检查组内部评审会，形成问题通知单，再召开问题反馈和讲评会，提出安全建议，同时明确整改材料要求，最后完成闭环管理和工作总结。

分院积极依托自身，不等不靠，建立符合通航运行和满足分院安全运行工作需要的法定自查体系。在充分学习、消化现有民航重要法规的基础上，结合自身训练运行实际，编写符合分院自身训练运行实际并且涵盖飞行运行、训练管理、机务维修、空管保障、机场运行保障、空防/安保/消防等各个行业/系统，共 13 份法定自查+内审工作检查单，检查项目合计 308 项。检查内容不仅包括航空安全自查，还包括训练运行自查。工作实施的关键前提是检查单的编制，分院根据工作实际进行补充细化，将双重预防机制检查项目融入各部门法定自查+内审工作检查单，如航空安全类 SID-16011V1 安全隐患排查治理制度和程序，适用于全部通航企业。局方检查标准为："是否按照《民航安全隐患排查治理长效机制建设指南》建立安全隐患排查治理制度和程序，包括方法工具、隐患库、分级治理、各级管理人员和一线人员掌握相关情况等。"单位安全管理部门针对性地细化要求，检查标准为：是否按照本单位《双重预防机制管理规定》定期开展隐患排查，按要求建立部门安全隐患库，每月是否按时按要求在学院飞行训练安全管理系统上报隐患排查信息，是否按要求建立安全隐患台账管理等。安全风险管理内容也同样进行细化和检查。

分院首次法定自查共检查发现各行业、各部门 88 项问题，提出 46 条安全建议。经过整改提高，各单位 2022 年度法定自查检查情况明显提高，检查组共发现 22 项问题，提出 23 条安全建议，从问题分类来看，工作落实不到位占比最高，为 60%；制度程序不完善占比第二，为 27%。2023 年，分院法定自查发现各部门双重预防机制相关问题 6 项，涉及 5 个相关部门，主要为隐患库存在部分隐患到期未关闭，隐患清单、危险源清单相关要素填写不规范，未将风险识别出的隐患纳入双重预警清单管理，未将安全检查、应急演练等发现问题纳入安全隐患清单管理等。

4. 规范要求

分院强化双重预防机制顶层设计，从管理制度、工作清单、台账管理要求等多方面进行统一管理。分院召开风险管理与安全隐患排查治理工作组专题工作会议，对安全隐患排查治理工作重新明确工作流程和职责，对学院飞行训练安全管理系统填报问题进行总结和规范要求。

要求部门行政一把手是本部门安全隐患排查治理工作第一责任人；各部门排查出的所有隐患，相关责任部门均应建立隐患清单和台账，对应清单中每一条隐患，按照排查治理、整改落实、跟踪验证和复核关闭等部分建立隐患台账；用以证明安全隐患排查治理各环节和流程相关工作落实完成情况的支撑材料，对应清单中该条隐患序号或编号，以附件形式进行台账分类管理；台账和支撑材料使用纸质版、电子版形式均可建立台账模板，部门自行保存，每月汇总整理清单和台账，并指定人员对部门级材料进行专人专管。各部门上报的隐患信息，均应同时将隐患对应的台账（电子文档）报安监部；分院的隐患相关清单、材料及台账由安监部建立保存。

目前，分院各部门双重预防机制台账管理基本统一，各部门均能按照《双重预防机制管理程序》相关要求在学院飞行训练安全管理系统进行规范填报。

5. 全员查隐患

东航"3·21"航空器飞行事故发生后，党和国家高度重视，民航各级、学院、分院立即开展了全范围覆盖、多种形式的安全大检查活动。为继续深入贯彻党和国家领导人对民航安全工作的重要指示批示精神，落实"坚持安全生产工作应当以人为本，坚持人民至上、生命至上，把保护人民生命安全摆在首位，牢固树立安全发展理念"的总体要求，做到确保航空运行绝对安全，确保人民生命绝对安全，在前期开展的航空安全大检查和分院各级、各部门开展的自查自纠工作基础上，分院开展了以"全员查隐患、聚力保安全"为主题的航空安全活动。

此次"全员查隐患"安全主题活动作为分院年度重点安全工作来抓，活动以"管控风险、排查隐患、不留死角、强化效能、凝心聚力、确保安全"为目标，涵盖分院全体安全从业人员和所有工作岗位，涉及飞机、设施设备和运行环境等所有安全生产要素。

分院有效整合年初开始并持续开展的"全员查隐患，聚力保安全活动"及相关安全管理工作，分院党政一把手通过"第一责任人安全倡议书"，在全分院范围引导、鼓励广大党员干部，教职员工，特别是一线工作人员，为安全会诊、把脉，排查隐患，争当安全"吹哨人"。排查范围广，分院各部门主动排查、全员参与，不仅局限于安全隐患，还包括问题、风险或者安全建议。党、政、工、团和安全管理等多部门协调配合，畅通安全吹哨人信息上报渠道，完善安全吹哨奖励机制，营造良好的安全吹哨文化氛围。分院"全员查隐患"活动，共收到各部门上报的有效安全隐患 260 余条。

6. "五抓五防"专项治理

分院以"全员查隐患"、安全整顿、"民航专项检查"、"防范化解重大风险专项整治"，学院安全大检查、"喜迎二十大，奋进新征程"航空安全专项检查、内部审核、法定自查等重要安全活动开展为契机，针对训练运行过程中暴露出的短板、不足，抓重点、查问题、找原因、定措施、管风险、治隐患，开展了以"五抓五防"为主要内容，"防范化解重大风险/隐患"为主要目的安全专项治理。一是抓训练运行的组织指挥，防飞机危险接近。飞行训练管理部门牵头，各飞行大队和高教中心重点落实，强化机组、管制指挥的运行安全管理，加强空地协同配合。二是抓新老机型使用和维护，防空中停车。机务维修部门牵头，抓新老机型重大机械故障的处置和维护研讨，防空中停车；各飞行部门强化特情、应急处置能力，防严重事件发生。三是抓目视教学能力提升，防着陆严重偏差。分院各级飞行领导上机带飞，手把手示范，强化传、帮、带，加强单飞、机组和新教师的技术管理。四是抓工作流程的规范化管理，防人为差错。分院牵头，各部门落实，认真梳理、查漏补缺，加强管理体系、制度和标准建设。五是抓排查治理，防范化解重大风险隐患。安全管理部门牵头组织，各运行部门落实，加强风险分级管控和隐患排查治理，构建双重预防机制；分院及各部门结合安全运行实际，将管人、管事、管组织、管系统有机结合，防范化解重大风险/隐患。

按照工作计划，分院对近 30 年各类不安全事件进行了全面的统计、分析，从人、机、管、环等方面对分院安全管理工作现状进行了系统评估。修订了分院重大安全风险、隐患管控清单，编制发布分院《安全运行现状与分析》专题报告；组织开展飞行指挥员研讨，着陆偏差教学研讨等专题活动；按照分院 SMS 建设和手册编制规划，同时根据分院《航空安全管理手册》要求并结合安全运行实际，对《广汉分院航空安全管理程序手册》进行不断修订，陆续编制或修订分院《风险管理程序》《安全隐患排查治理管理程序》《安全吹哨人管理程序》《安全管理及规则》等 10 多个管理程序、制度或规定，从组织、系统层面补齐安全管理短板。

7. 实践成果

分院聚焦训练运行，排查梳理出 12 个典型风险，包括航空器空中小于安全间隔、发动机空中停车、可控飞行撞地、未放起落架进近着陆、整机断电、地面航空器相撞、飞行/机务/管制指挥人为差错、净空保护区障碍物超高、跑道入侵、管制指挥不规范、训练实际与大纲要求差异、人员调整/思想波动/作风滑坡。分院逐一进行风险原因分析，针对责任部门，制定全面的风险防控措施。

分院积极开展双重预防机制工作实践。针对广汉机场助航灯光改造，淮州机场走训/驻训，高教"贵州黎平"新航线开通，DA20 飞机进入学生螺旋带飞，凤凰山机场搬迁，新机场搬迁和投入运行使用，多发学生积压所导致的批次管控变化，北大荒通航学生接收，分院组织机构大范围调整等工作开展变更风险管理。

有效减负的同时，以实际工作中存在的典型风险/隐患为导向，细化具体落地措施，务求实效。分院将飞机相撞，起飞、着陆偏差，新老机型典型、重大机械故障，季节性极端突发天气，飞行控制区非法侵入，人为差错风险防控等作为管控工作重点；邀请学院空管中心组织开展飞行指挥员、管制员飞行指挥工作交流、研讨；重新设计、调整广汉本场飞行程序，编制发布广汉机场最低运行标准安全提示；建立起落航线、着陆偏差定期教学研讨，检查工作长效机制，以"时时放心不下"的警觉持续关注起飞、着陆偏差风险防控；将当月各机型适航维修故障大数据作为每月安全形势分析重要内容，强化飞机典型、重大机械故障风险的及时、有效防控；修订、发布分院重大安全隐患自查清单；收集、汇总和编制世界民航、国内民航、学院及分院各类典型不安全事件样例，编制成册，发分院各部门，组织全体人员学习，以案为镜，持续开展警示教育；开展广汉机场各类通行证件全面清理，编制发布《广汉机场控制区通行管理规定》，严防飞行控制区非法侵入风险。

（六）核心风险（发动机停车）管控

分院自引进 SR20G6 型飞机以来，在运行过程中发现了该机型发动机在慢车状态下快速操作油门存在停车（停车趋势）风险。经前期风险分析和技术研讨,随着工程技术研究的深入，不断总结该型发动机使用的经验、技巧，及时采取相应管控措施后，该停车风险取得了一定管控效果。

民航局咨询通告《事件样例》（AC-396-08R3）于 2024 年 1 月 1 日正式生效，对于分院而言，影响最大的调整为将发动机停车事件的发生阶段从"飞行中"扩大为"飞行时间内"，表述为"飞行时间内，任意一台发动机停车或需要关停的情况"。分院初级训练机主要为 SR20G6 机型，除停放飞机，参与运行的 SR20G6 飞机约 45 架。鉴于该机型发动机使用特性，新标准实行以来,分院 4 个月上报发动机停车局方事件 3 起,均为机械原因。

1. 数据分析

分析事件数据，自该机型在分院运行以来，共发生发动机停车事件 13 起，机组原因 4 起，机械原因 9 起。机组原因均为油门操作全行程低于"3秒"要求，2021 年 1 起，2022 年 3、4 月各 1 起，2023 年 10 月 1 起。从事发时间间隔来看，分院对西锐机型发动机使用特性开展的研究和开展的专项培训有一定效果。

2022 年 6 月分院首次出现收油门停车事件，类似情况共 5 起，均为机组在 A13 一号等待点设置起飞功率收油门导致，其中 4 起机械原因。分析数据发现，A13 一号等待点设置起飞功率后收油门阶段和脱离跑道阶段是发动机停车的频发阶段，均占比 38%，其中脱离跑道阶段加油门操作停车事件发生 3 次，占比 23%。分院将机组在广汉机场 A13 一号等待点设置起飞功率后收油门以及脱离跑道加油门阶段纳入发动机停车重点管控环节，对全体飞行人员开展教育。

2. 系统分析

为进一步提升分院本质安全水平，有效管控 SR20G6 型飞机发动机停车典型运行风险，分院牵头，利用 SHELL 模型系统分析工具，开展西锐机型发动机停车系统风险分析（见图 4-5），及时识别危险源，开展安全隐患排查治理，将该风险控制在可接受的安全水平。

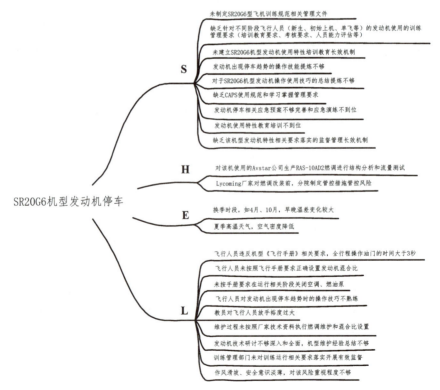

图 4-5　SR20G6 机型发动机停车风险识别

3. 管控措施

将系统分析中识别出的风险进行梳理分类，列入双重预防机制两项清单。对于危险源开展安全风险评估、分级，并梳理制定管控措施，对识别出的安全隐患均制定管控措施，明确责任人和时限，跟踪关闭，确保措施持续有效。

1）运行管理长效机制建立

分院数次召开西锐机型专题研讨会，于 2021 年 12 月、2022 年 4 月先后正式下发研讨会会议纪要，从 SR20G6 飞机学生初始带飞情况、SR20G6 飞机学生筛选检查情况、修订 SR20G6 飞机相关要求、SR20G6 飞机低空指挥研讨情况、西锐飞机混合比使用要求、西锐机身降落伞系统（CAPS）使用要求和建议、研讨和学习要求等 7 方面明确训练管理要求；制发《广汉分院 SR20G6 飞机训练要求》，从起飞着陆要求、地面运行、空中运行、起落程序（五边）、其他要求等方面制定管控措施。

结合发动机技术研究和飞机运行实际表现，不间断与西锐公司、Lycoming 公司、AVSTAR、中航通飞等供应商进行专业交流，分院不断总结经验，提炼出如"地面运行时应避免出现'粗猛油门+小转速+开空调'的情况""在起飞阶段、着陆阶段、机动飞行科目前应严格按照手册和检查单要求，关闭空调""出现功率不稳定或不响应时，应及时将油门收回慢车位""混合比调节到 Top Of Green Arc 的正确理解是正常操作范围内，即调节混合比时应将燃油流量控制在正常范围内，而不是理解为调节混合比至燃油流量在流量表的绿弧顶端或末端"等关键训练技术管理要求。

2023 年，为进一步明确西锐机型相关的程序和要求，规范训练运行，保证运行安全，分院编制下发安全通告《关于加强 SR20G6 型飞机训练规范的运行提示》（GH-FGB-OB-2023-01），明确不同阶段飞行人员教育培训要求、运行不同阶段飞机操作要求、发动机操作使用技巧、混合比使用建议措施、CAPS 使用建议措施、启动困难建议措施等内容。

2）SR20G6 飞机发动机特性专项研讨

2020 年 10 月至 11 月，广汉分院在接收首批 3 架 SR20G6 飞机时，发现快速推油门会导致发动机停车。后经测试，这种现象在 SR20G6 机队属于普遍现象。分院立即向西锐公司反映此现象，公司对 POH 发布临时修订文件，要求发动机从慢车到全功率应缓慢操纵油门，过程时间不少于 3s。

对数起发动机停车事件原因进行分析发现，大部分是由于 SR20G6 飞机在慢车至过渡转速快推油门的加速过程中进气压力大。进气压力大是因为 SR20G6 飞机装用的 RAS-10AD2 燃调风门与油门杆通过摇臂机械连接，风门开度与油门杆位置同步，燃调空气室的膜盒感受进气歧管前后的空气压力差，风门打开后外界空气迅速到达进气歧管处，燃调空气室的膜盒组件迅速移动，燃油量相应增大。如此时进入气缸的空气充填量没有相应增加，则会导致发动机过富油停车。对比 SR20G3 型飞机装用的大陆发动机在 3s 内从慢车上升到最大转速的过程中，进气压力和燃油流量过渡较平缓，转速、进气压力和燃油流量对应较好。这是因为大陆发动机的燃调属于机械控制，燃油量直接取决于油门杆和混合比杆的位置，同时由发动机转速和高度补偿装置做出一定调整，而 SR20G6 发动机使用的 RSA 型燃调采用油、气室膜盒压力压差控制燃油量，其燃调系统的构造和原理不同。

为验证飞行人员使用该机型油门杆的具体情况，分院机务部测试了油门杆位置与转速的对应关系，过渡转速（慢车转速-1 400 r/min）的移动距离约为 4.5mm，但是油门杆全行程为 61mm。按照全行程 3s 的匀速计算，4.5mm 只需 0.22s，实际操作起来相当困难。同时，在收油门操作上（2 680 r/min-慢车转速），前约 45mm 行程转速下降仅 230r/min，而在中转速到慢车阶段，收油门行程与转速下降关系十分敏锐，全行程 3s 要求过于宽泛。

工程技术部门根据专项技术研究，制定《防止 SR20G6 型飞机发动机空中停车措施》，在每年两次换季教育中重点对发动机使用特性进行学习并落实到实际飞机维护过程中，严格按照厂家技术资料执行燃调维护要求和设置混合比，避免发动机慢车时过富油。此外，分院机务部加强技术研讨，总结机型维护经验。积极协调飞机厂家、发动机厂家，完善该机型的维修和技术管理工作，定期了解厂家对燃调改进工作的进度。除西锐机型发动机停车风险外，针对机务维护重点风险管控，机务部针对服役的不同机型，开展重要系统风险分析，制定了机务部《防止飞机重要系统失效措施》，包含 5 种机型，20 余个系统失效措施，管控飞机维护中的重要风险。

3）季节性管控措施

结合分院安全警示教育展开，飞行、机务部门高度重视换季培训，开展全员专题学习研讨和案例警示教育，重点学习相关运行提示以及分院针对 SR20G6 机型发布的"驾驶杆标准操纵视频""油门杆标准操纵视频"。安监部将 SR20G6 发动机使用特性学习纳入日常安全监察检查工作单，在换季阶段对各飞行大队开展专项安全检查，确保知识人人过关，技能人人过硬；机务部持续开展西锐机型工程技术研讨，针对发动机工作特性（包含起飞、着陆过程发动机的进气特点、点火特点、供油特点）等，制作培训课件，为飞行人员开展专项培训。

4）融入 SMS 系统管理

首先，建立两项清单，对风险识别问题进行有效管控。其次，将风险控制措施与安全检查、内部自查、法定自查等工作融合，在开展日常监察过程中确保管控措施持续有效。对于违法相关管理要求的情况，在分院《航空安全工作绩效考核》《飞行人员作风量化考核管理办法》中均设置相关指标。在分院及部门安全绩效指标监控表中，在结果类指标中增加防止发动机飞行时间内停车，细化为发动机本体故障、不按规定使用和操纵发动机、燃油泄漏或油路堵塞、超过规定时间或限制添加燃油和发动机滑油渗漏项目；在过程类指标中增加粗猛油门操作警戒/超限指标。分院从部门层级和分院层级重点对西锐发动机使用情况进行监控及衡量，缓解安全风险，提高安全管理效能。

下面举两个例子：

（1）人为责任原因导致飞行时间内西锐发动机停车，扣除部门安全绩效月度分值 40 分，对直接责任人作风量化考核根据情况扣除 12 ～ 14 分，对应经济处罚 2 400 ～ 2 800 元人民币，同时如有管理和领导责任，对大队、中队干部、部门安全管理人员进行连带处罚，包括作风量化扣分和经济处罚等。

（2）某部门未按照分院要求开展西锐发动机使用特性相关教育培训，扣除部门安全绩效月度分值 10 分，对直接责任人作风量化考核根据情况扣除 6 ～ 18 分，对应经济处罚 1 200 ～ 3 600 元人民币，同时处罚负有管理和领导责任的大队、中队干部、部门安全管理人员，包括作风量化扣分和经济处罚等。

五、探索性研究

全员参与是构建双重预防机制的基础，也是建设长效机制的核心。一线人员作为运行主体和直接参与者，对风险隐患的辨识排查和管控治理都尤为关键。如何构建以全员参与为基础的双重预防机制成为一个待解决的难题。

数字孪生技术可以将实体机场的物理运行过程模拟化在计算机中进行精确的复现。目前，数字孪生技术已经在民航领域得到广泛应用，如张生琨等提出利用数字孪生技术构建实时数据驱动的无人机数字孪生模型，并采用雨流计数法进行无人机状态的实时监测。在构建数字孪生机场中，雷楗淞提出将 BIM（建筑信息模型）和 GIS（地理信息系统）技术相结合，创建机场的数字化模型，并将实时数据与空间信息相融合，形成全面、综合的数字孪生机场模型。钟竞辉等提出将数字孪生应用于机场人群智慧管控，建立人群仿真模型并结合智能优化算法，实现对机场人群状态的实时预测和精确管控。张明提出将数字孪生技术应用于机场离港系统，通过对离港系统进行实时监控，发生故障时可以实时报警，从而保障离港系统的稳定运行。在实践过程中，开发双重预防智能管理系统，通过将"智能识别+AI 算法"与风险隐患报送深度融合，设计友好便捷的人机交互、强大的推送反馈功能，让员工有更好的参与度和积极性，实现风险隐患上报的即时性，整改措施的规范性，效果验证的科学性。在双重预防机制的建设中，经常出现实践与理论脱离甚至相违背的现象，利用 GIS（地图信息系统）以及数字孪生技术，构建实景地图，全面地反映危险源、安全隐患的具体分布情况，帮助机场人员模拟各种运行场景，进而识别潜在的安全风险和隐患，通过对模拟结果的分析，可以进行针对性的分级管控，重点关注高风险区域，采取相应的措施进行安全管理和风险控制，确保机场运行的安全性。

基于上述需求，笔者以双重预防智慧管理系统为例，即通航机场安全风险隐患双重预防机制信息系统 GA-DPIS（Double Prevention Information System of Risk and Hidden danger in General Airport），结合机场数字孪生模型 GA-DTM（Digital Twin Model of General Airport），通过将两者集成形成了可视化的通航机场安全风险隐患双重预防机制信息系统 GA-VDPIS

（Visualize Double Prevention Information System of Risk and Hidden danger in General Airport），分享双重预防机制信息系统搭建的创新举措。

（一）GA-DPIS 系统的设计

1. 业务流程分析

通航机场安全风险隐患包括一般危险源或一般安全隐患和重大危险源或重大安全隐患两大类，具有各自不同的业务流程，如图 4-6 所示。

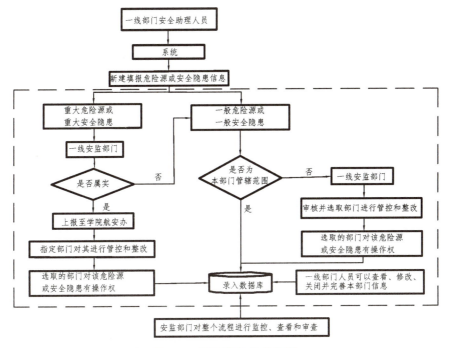

图 4-6 风险隐患业务流程

2. GA-DPIS 系统的层级结构

GA-DPIS 系统主要由基础设施层、数据支撑层、应用服务层、综合展示层 4 个层级构成。

最底层为基础设施层。该层提供系统运行所需的基础设施支持，主要包括数据采集设备、网络传输设备、系统安全设备、功能使用设备等。

第二层级为数据支撑层，负责数据的管理和存储。危险源、安全隐患信息库记录通航机场发生的各类安全风险隐患事件和对事件进行的整改措施及进展情况；系统运行信息数据库则包含系统运行中的各种日志信息；安全监控信息数据库主要存储由监控设备收集的机场监控视频信息。

第三层级为应用服务层，提供系统的核心服务和功能模块，包括风险评估和管理、安全培训和教育、智能关联和视频监控 4 大模块。

最上层为综合展示层，通过客户端、机场信息中心大屏将底层的数据和业务信息，以直观、可视化的方式展示给用户或管理员，如图 4-7 所示。

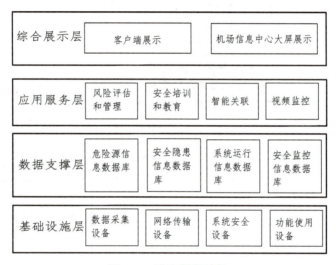

图 4-7　系统层级结构

3. GA-DPIS 系统的主要功能

GA-DPIS 系统是一套包含风险评估和管理、安全培训和教育、智能关联、视频监控 4 项核心功能的系统。

（1）风险评估和管理。GA-DPIS 系统根据事故发生的可能性和严重程度等对隐患、危险源数据进行数据分析，将其划分为不同等级，并以分布图的形式展示，帮助监管者更好地识别和评估危险源，制定相应的防范措施。依托已建成的飞行品质监控平台和大数据资源池，对飞行运行全过程进行数字建模，将全流程各环节全要素以可视化和虚拟现实的形式呈现，将飞行原始数据、人员定位数据、视频图像等数据接入数字孪生系统平台，实现面向通航飞行运行作业过程的全程三维可视化集中统一管控，加强通航安全信息管理和服务。

（2）安全培训和教育。通过将民航中的各种规章制度进行碎片化处理，并在系统界面中实时展示，用户可以方便地点击相关内容进行阅读，以确保其工作和学习符合规定的标准。

（3）智能关联。智能关联功能可以帮助监管人员快速、准确地处理危险源和隐患信息。当填报新增信息时，系统会自动识别关键词，并关联已有的危险源和隐患信息。从风险—隐患—事故的关系视角出发，引入知识图谱、自然语言处理等前沿人工智能方法，从大量非结构化风险评估报告、隐患描述文本、事故调查报告中，构建安全专用语料库，研究针对文本数据进行半自动抽取风险、隐患、事故要素的解析及标注技术，开展其内在关联关系挖掘，形成飞行训练运行环境下的风险隐患事故知识图谱，实现风险隐患数据的智能识别、推送，将移动互联技术融入飞行运行。

（4）视频监控。使用智能化的视频监控技术，提高对机场区域进行实时监测和记录的能力。利用计算机视觉技术 对视频信号进行处理、分析和理解，无须人为干预。能够自动分析监控场景中的变化，进行目标定位、识别和跟踪，并在此基础上判断目标行为。在检测到异常情况时，智能视频监控能及时发出警报或提供有用信息，有效协助安全人员处理危机，同时减少误报和漏报；记录的信息具有高度的完整性和真实性，可以作为证据和事后调查的依据。处理流程如图4-8所示。

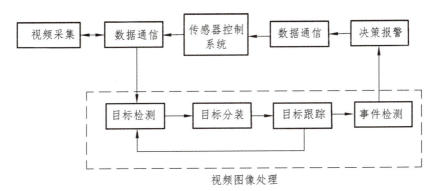

视频图像处理

图4-8 视频图像处理流程

（二）通航机场数字孪生中心（GA-DTM）构建

1. GA-DTM 构建方法

GA-DTM 的构建是基于采集和整合通航机场内外的数据，通过建立精确的数字孪生模型来准确反映通航机场的结构和运行流程的。我们利用 3D studio Max（3D Max）和 Unreal Engine 5（UE5）搭建 GA-DTM。首先，用 3D Max 平台对机库、塔台、油料房、高杆灯等建筑进行模型构建。其次，利用 UE5 构建通航机场模板图。再次，将 3D Max 平台搭建的建筑模型导入通航机场模板图中。最后，利用 UE5 的蓝图系统添加可视化视景漫游和动画模拟等，再对场景进行优化渲染，实现使用者同机场的实时互动。搭建主要步骤如图 4-9 所示。

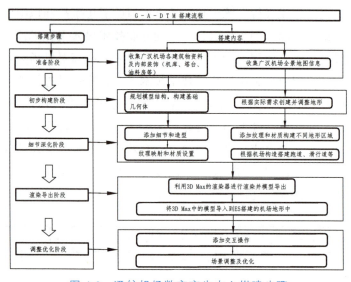

图 4-9 通航机场数字孪生中心搭建步骤

（1）采集数据。通过机场传感器采集场景数据，到机场进行实地走访，通过拍照、记录等形式了解机库、塔台、机场地形图等的结构和细节以获取场景的 3D 信息。

（2）处理数据。将采集到的场景数据进行处理和优化，并利用图像处理方法生成纹理贴图。

（3）创建 3D 模型。基于采集和处理后的数据，使用 3D Max 建模软件构建机场场景中的各种元素。

（4）导入全景地图。利用 UE5 虚幻引擎先进行机场地面搭建，主要为停机坪、跑道、滑行道、联络道等，再将处理后的 3D 模型导入 UE5 虚幻引擎中，按照机场真实情况对模型进行部署。

（5）添加可视化视景漫游和动画模拟。借助 UE5 的蓝图系统，创建和调整模型内部与模型之间的交互逻辑，具体包括：

① 飞机驾驶舱内部。用户可以进行 720° 可视化视景漫游，同时配合图片和视频来展示危险源、安全隐患以及相应的管控措施。

② 机场跑道旁的机库和飞机油车车棚内部。利用 UE5 中粒子系统和物理引擎可以对油罐爆炸进行模拟，并结合声音效果和场景动画增强视听体验。

③ 塔台内部。塔台提供从内向外的观察视角，方便管理者对整个机场有一个全局的了解。

（6）场景调整及优化。调整场景中的光照设置等确保正确的明暗效果和逼真的阴影。

通过 3D 建模和 UE5 构建一个机场全景地图，提供一个真实、交互性强的机场场景，全面反映机场中存在的危险源、安全隐患的具体分布情况。

2. 模型构建

系统创建了 2 大类、11 种，共计 29 个模型，包括建筑物、机坪、飞机等，具体如表 4-1 所示。

表 4-1 创建模型一览表

名称	数量	建模方式
机库	8	
SR20G6 飞机	2	3D Max
塔台	1	
油料房	1	

续表

名称	数量	建模方式
跑道	1	
滑行道	1	
联络道	1	
高杆灯	10	UE5
小型油罐	2	
停机坪	1	
油车	1	

构建机库等建筑物模型时，首先需要了解其结构和细节，如图 4-10 中的机库实景图。然后利用 3D Max 中的模型编辑器创建机库主体的大致形状，再根据实际要求对模型进行比例和尺寸的调整。基础搭建完成后，则是对机库结构进行细化，添加屋顶铁架、窗户等元素，并调整其位置、形状等。为使模型更加具有真实性，使用 3D Max 平台提供的 PT 渲染材质对机库的不同部分进行美化，使用适当的材质、贴图增加细节和真实感。最后调整渲染器设置获得更好的渲染效果，如阴影、反射、抗锯齿等，得到如图 4-11 所示的机库模型展示图。

 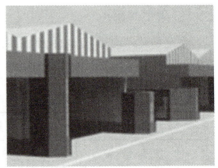

图 4-10　机库实景图　　　　图 4-11　机库模型图

构建飞机等设备模型时首先按照 SR20G6 飞机座舱的外观尺寸和内部仪表的布局，在 3D Max 中创建一个精确的 3D 模型。然后根据 SR-20 的设计规范，为飞机座舱模型配置逼真的材质，以使其在渲染时看起来更加真实。接着使用 UE5 的交互组件（如碰撞体和触发器）标识可交互区域，如操纵杆、按钮等，并编写脚本代码实现交互功能。针对 720° 可视化视景漫游，使用 UE5 的虚拟现实（VR）或第一人称视角（FPS）功能，让用户能够自由漫游在驾驶舱内。确保用户可以在全方位环境中观察和探索驾驶舱内的各个角落，如图 4-12 所示。

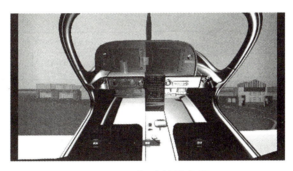

图 4-12　驾驶舱视角图

3. 全景数字地图的构建

全景数字地图是指以数字化形式呈现的包含广泛地理信息的地图。利用三维 GIS 引擎功能、在线加载三维地形数据和倾斜摄影数据功能，按照广汉机场实景俯视图，并通过对机场进行实地考察在 UE5 中规划出俯视图中的大致地形，然后再按照地形中的跑道、滑行道、草坪等标识出所在区域。接着对跑道、滑行道等材质进行地面搭建，将 3D 建模搭建的机库、塔台、油料房等导入 UE5，按照地形进行场景布设。

（三）可视化的通航机场安全风险隐患双重预防机制信息系统（GA-VDPIS）

1. GA-VDPIS 的构成

GA-VDPIS 由通航机场安全风险隐患双重预防机制信息系统 GA-DPIS 和通航机场数字孪生模型 GA-DTM 集成形成，两者通过数据交互和可视化展示，直观地显示机场的安全状况和风险情况。系统的构成如图 4-13 所示。

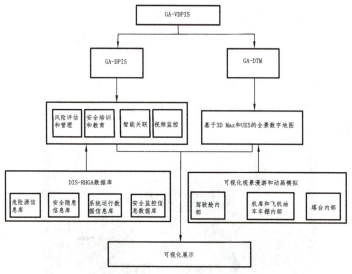

图 4-13　全景数字地图整体构建

2. GA-DTM 与 GA-DPIS 的交互操作

利用 3D 建模和 UE5 构建一个机场全景地图，提供一个真实、交互性强的机场场景，全面反映机场中存在的危险源、安全隐患的具体分布情况。用户可以通过键盘、鼠标或者触摸屏与地图进行交互，探索不同角度和高度的风险隐患模型，还可以提供放大、缩小、旋转、漫游等操作，让用户能够更好地了解风险隐患的分布情况。

利用 UE5 的数据可视化和分析功能，将来自安全管理系统中的危险源信息、安全隐患信息的数据进行集成，再以图表、统计数据等形式展示出来。图表和数据分析可以帮助用户更深入地了解风险隐患的分布趋势和特征，并将其在通航机场模板图上进行可视化展示。通过将数据与地图结合，用户可以清晰地了解风险隐患的位置、类型和严重程度。在风险隐患数字孪生中心，数字地图中还可以实时获取、更新机场中风险源信息和安全隐患信息，管理者通过在数字地图中进行打点操作，填报新增的风险源和安全隐患信息存储在本地数据库中，确保数字地图中的风险隐患分布情况与实际情况保持同步。这使用户能够及时了解到新的风险隐患出现或已处理的情况。同时，地图上的风险隐患点会用不同的符号、颜色或大小进行标记，以表示其级别、类型或其他属性。

3. 通航机场安全风险隐患双重预防机制信息的可视化呈现

通航机场安全风险隐患双重预防机制信息的可视化效果能够直观地展示机场的安全状态和风险情况。管理者可以更加全面地了解机场的潜在风险，及时采取措施防范和处理，提高机场的安全性和飞行运营效率。

（1）运行环境三维展示：通过数字孪生技术，创建机场建筑的三维模型，准确还原机场的三维运行环境，具体如图 4-14 所示。

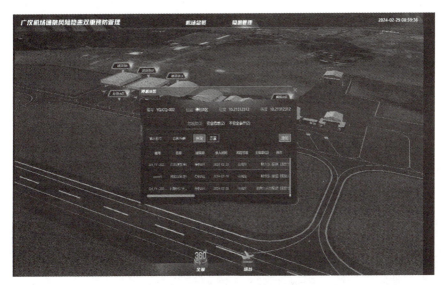

图 4-14　机场建筑的三维模型

（2）可视化数据图表。将通航机场的安全风险隐患数据以图表的形式呈现在机场数字孪生中心，可以直观、准确地展示不同类型的风险隐患数量、分布情况，以及其对应的风险等级，更好地帮助管理者快速了解机场的安全状况和风险状态（见图 4-15）。例如，使用了柱状图、饼图、雷达图等形式。

图 4-15　可视化数据图

（3）实时监控与预警。将安全风险隐患信息与实时监控数据相结合，并呈现在监控系统的界面上（见图4-16）。管理者可以通过监控屏幕直观地观察机场各个区域的运行状况，配合安全风险隐患信息展示，提醒管理者关注可能存在的风险隐患，并采取相应的措施加以解决。

图 4-16　监控系统界面

（4）交互式用户界面。操作人员发现隐患风险时能够在地图中直接进行操作，填报该安全隐患或危险源的详细信息，并录入数据库中。通过点击、拖动、放大缩小等交互操作，用户可以自由浏览场景并获取相关的风险隐患描述、解决方案、处理进度等信息。这种交互性的呈现方式提高了数据的可访问性和用户体验。

案例一　新基地运行风险管理

一、背　景

近年来，学院始终坚持"以飞为主"，大力拓展训练资源、积极改善训练条件，做大做强飞行主业，不断提升训练能力和品质。学院充分挖掘飞行分院潜力，深化"分院+基地"训练组织模式，拓展南北训练方式，陆续建立自贡、永川、西华等辅助训练基地。××新南张机场（以下简称"××机场"）作为学院北方训练网络布局中的重要支撑，为学院飞行训练提质增量提供重要保障。

××机场位于××县城东南部，新南张村以东 1 千米处。机场等级为 A1，飞行区等级为 2B，设计最大使用机型为 Y-12E、Mi-171。机场拥有一条 1 200 米×23 米的跑道，设置局部平行滑行道、机位滑行道以及 3 条长 151 米的垂直滑行道；机坪面积为 555.5 米×137.5 米，设 24 个 A 类和 6 个 B 类固定翼机坪，以及 5 个直升机机位；在跑道上设置 1 处 26 米×26 米的最终进近和起飞区（FATO）；场内设置气象站，场外设置 1 座 DVOR/DME 导航台。综合业务用房（含塔台）面积为 10 000 平方米的，3 座总面积 7 450 平方米的机库（含机务、场务用房 450 平方米），800 平方米的中心变电站，1 050 平方米的供水站锅炉房，150 平方米的污水处理站，300 平方米的油车库。配套建设通信、给排水消防、供暖、供电、供油等。

为了在××基地安全运行，分院贯彻"安全第一、预防为主"的方针，始终把安全放在首位，每阶段都进行风险评估，直至在××基地顺利开飞。

二、危险源辨识、评级

2023 年 4 月，××机场尚未开通运营，分院组织召开××机场驻训第一次风险评估会，分院各部门经过前期的认真准备和安全预想，根据××机场设施和运行特点等因素，对在××机场开展训练期间面临的危险源和风险进行讨论分析，辨识出××机场短窄跑道、××机场起落航线周边障碍物 2 条危险源；识别了缺少××机场进驻运行方案、进驻××机场人员不熟悉××基地设备设施配置及应急管理程序、进驻××机场人员不熟悉机场周边环境以及指挥环境和空域、××机场现有厂房设施不满足外站航线运行、气象数据获取渠道单一且使用气压基准未明确等 20 项风险，对各项危险源和风险研究制定了相应的管控措施，为安全顺利进驻××机场夯实了基础。

2023 年 5 月，分院决定派出 15 架飞机参与××机场的首航展示。为了顺利完成这一任务，分院安监部在 5 月 26 日组织召开了××机场调机暨验证飞行风险评估会，针对此任务面临的危险源和风险进行讨论分析，识别出无线电可能存在盲区、23 号跑道头需要掉头时机组盲目自信导致冲偏出跑道、地面停机时机组不熟停机位、××机场跑道和滑行道存在 FOD、夏季高温人员疲劳、从××返回××存在人员和行李物品与运输机场混合的可能等 8 项风险，对各项风险研究制定了相应的管控措施，并就管控措施总体要求如下：一是严格执行各项准备工作标准、质量和安全措施；二是在准备工作中务必提前详细分析，做好各项预案；三是调机实施过程中务必做到提前判断、及时果断处置，确保安全。

××机场按期完成开航后，为安全地在××机场进行驻场训练，2023年 6 月，分院结合调机和首航开展情况开展第二轮进驻××机场的风险分析会。此次风险分析共识别出着陆连续剩余跑道不足、机组不清楚机场设置灭火器的位置、机库门口停机坪坡度较大、××机场鸟类活动情况掌握不清、飞机加油处无飞机停放加油的位置标识等 34 项风险。会议要求各部门针对分析出的风险点进行重点关注，并按照制定的管控措施认真落实，工作专班协商××机场增加必要的设施设备或标志标识，确保安全第一，共同保证××机场飞行训练顺利开飞。

2023 年 7 月 22 日，分院在××机场开启了转场和起落飞行训练。2024 年 1 月 9 日，分院正式开始在××机场驻场训练。训练开始后，分院持续关注××机场飞行训练，识别出××机场跑道外等待线目测距跑道较近和××机场从联络道滑入停机位时停机位号码不易观察 2 项危险源，并将××基地运行纳入分院重点风险清单长期管控。

三、管控措施

对××机场短窄跑道进行风险评级，专家组将此危险源评定为低风险。因其主要涉及飞行大队运行，为确保××机场短窄跑道运行安全可控，分院建议采取相关管控措施，从飞行大队训练管理方面着手，降低短窄跑道相关风险的严重性，确保××机场短窄跑道运行的安全风险始终处于可接受的范围。具体措施如下：中队以上干部对教员进行短窄跑道起飞着陆技术评估，运行前需通过××机场运行检查考核；对全体教学员开展短窄跑道安全教育；起飞使用全跑道；大队根据机型手册做好起飞着陆性能专项教育。

对××机场起落航线周边障碍物进行风险评级，专家组将此危险源评定为低风险。因其主要涉及飞行大队运行，为确保××机场起落航线运行安全可控，分院建议采取相关管控措施，从飞行大队训练管理方面着手，降低机场起落航线障碍物相关风险的严重性，确保××机场起落航线运行的安全风险始终处于可接受的范围。具体措施如下：通过卫星地图，结合后续的机场资料，对机场周边环境进行研讨学习；前期对障碍物不熟的情况下，控制起落飞机架次，避免一边、五边延长太多（根据障碍物确定一边和五边最远控制距离）；飞行过程中注意目视对外观察。

对××机场跑道外等待线目测距跑道较近进行风险评级，专家组将此危险源评定为低风险。因其主要涉及飞行大队运行，为确保××机场跑道外等待安全可控，分院建议采取相关管控措施，从飞行大队训练管理方面着手，降低机场跑道外等待相关风险的严重性，确保××机场跑道外等待的安全风险始终处于可接受的范围。具体措施如下：对在××运行的机组进行安全教育，确保所有机组了解跑道外等待线距跑道较近的情况；要求机组在等待线之前的合适位置进行等待；指挥员做好监控和提醒；××基地在协调会上与××机场进行沟通，确保等待线的划置位置符合相关法规要求。

对××机场从联络道滑入停机位时停机位号码不易观察进行风险评级，专家组将此危险源评定为低风险。因其主要涉及飞行大队运行，为确保联络道滑入停机位安全可控，分院建议采取相关管控措施，从飞行大队训练管理方面着手，降低联络道滑入停机位相关风险的严重性，确保××机场联络道滑入停机位的安全风险始终处于可接受的范围。具体措施如下：在××运行的机组做好飞行前准备，熟悉××机场滑行线路及停机位编号，必要时参考航图滑行；机组滑行时如观察不清及时停下并向塔台报告，按塔台给出的指示滑行；塔台做好监控和提醒；××基地在协调会上与××机场进行沟通，××机场在合适的位置设置标牌，标明停机位编号，方便机组观察。

案例二　转场调机风险管理

一、背　景

2018—2020 年，分院租赁的中航通飞和中航飞行学校的共 12 架 CESSNA172R 型飞机相继到期。经学院研究决定，由××分院以"转场调机"的形式退还到期飞机。

CESSNA17R 型飞机为活塞式单发飞机，机载设备简单，整体性能较差。而调机任务起点为四川××机场，终点为广西××机场，全程约 1 300 千米，需跨越四川、重庆、贵州、湖北、湖南、广西四省一区一市。沿途地势高、地形复杂、天气多变，任务难度较大，对于这种单发小飞机跨区长距离转场飞行是一次严峻考验。

二、危险源辨识、评级与措施

××分院接到调机任务后，高度重视，按照学校要求迅速成立了退租工作领导小组，并组织分院安监部、飞行大队、机务部、空管站、机保部、派出所等相关单位多次召开调机工作会，梳理各项准备工作，编制工作计划表。安监部组织各部门安全经理成立风险评估专家组，按照风险管理的8大要素进行全面的危险源识别和风险分析，一共识别出11个分院级危险源。部分如下：

（1）由于飞机无增压供氧设备，不能高于3 000米运行，而"涪陵-SUKPU"航段最低安全高度为2 723米，在仪表飞行环境下只能使用3 000米这一唯一高度层。

风险分析：经专家组讨论分析，该情况导致仪表飞行环境下，在该航段无法制定有效的部分特情处置程序（如需要改变高度、返航等程序），故如遇特情，机组处置难度极大。

风险评估：该风险出现的可能性为偶尔，严重性为灾难性的，根据风险矩阵模型判定该风险等级为高风险。

管控措施：在实施调机计划时，必须保证"涪陵-SUKPU"航段全程为目视天气。但分院气象台缺乏长航线调机保障经验，存在气象预报不够准确的风险，故空管站积极协调空管中心，由空管中心协调有高教机运行单位的气象部门对此次调机任务的气象服务保障方面予以协助把关，并安排高教机在调机当天沿路侦查天气，充分保障调机任务气象预报的准确性。

（2）××分院仅有两名飞行教师具备高教机长航线运行经验，飞行队伍长距离转场经验不足，且本次航路为中低空航线飞行，长距离跨越复杂天气和地形，覆盖五省多个管制区，对机组的能力和经验都是巨大考验。

风险分析：经专家组讨论分析，该风险可能会由于机组对中低空长距离转场的运行经验和技术准备不足，导致调机任务实施过程中出现决策偏差，进而发生较严重的不安全事件。

风险评估：该风险出现的可能性为偶尔，严重性为严重的，根据风险矩阵模型判定该风险等级为中风险。

管控措施：组织飞行机组分析、研究长途转场的差异性及相关安全措施；学院抽调有经验的飞行教师参与调机。调机日期前一天召集机组人员完成直接准备，并对该次任务的情况再次进行梳理和学习。

（3）长距离山地飞行，可能面临持续颠簸，机组身体状态将受到影响；同时由于大多数航段需在2 700米以上飞行，长时间接近供氧临近高度运行，会引发机组疲劳、反应能力下降等问题。

风险分析：经专家组讨论分析该风险可能导致飞行实施过程中机组人员身体状态下降，易引发人为差错。

风险评估：该风险出现的可能性为偶尔，严重性为严重的，根据风险矩阵模型判定该风险等级为中风险。

管控措施：参与机组在进行长途转场前应进行航卫专项检查，并在计划出机前的一天内不参与其他飞行和教学任务，保证休息质量；明确机组长途转场期间（4+3 小时）的职责分工与飞行时间分配；气象台开展天气研讨，确保在实施调机任务时，避免大面积颠簸的天气环境。

（4）飞机可能在调机任务中出现重大故障，且单发飞机低空长途飞行山地地区。

风险分析：经专家组讨论分析，该航段地形复杂，一旦出现重大机械故障，对于单发飞机应急处置难度和后果严重性大幅增加，可能导致灾难性事故。

风险评估：该风险出现的可能性为偶尔，严重性为灾难性的，根据风险矩阵模型判定该风险等级为高风险。

管控措施：机务部汇总分析所涉飞机单机历史故障信息，并根据需要向调机转场机组提供单机典型、重大故障信息；利用机载 SD 卡分析近一个月发动机性能稳定性；执行调机转场机组在转场实施前至少对所分配飞机进行一次熟悉飞行，且在责任机组使用飞机后，所涉飞机不得参与其他教学运行；组织进行特情研讨，制定重大机械故障和发动机停车的特情预案；转场实施前，机务部负责实施一次全面检查，确保飞机质量。

（5）机载通信导航设备受地形环境影响大，在 2 700 米高度（在山区中真实高度很低）飞行，受地形影响，无线电通信质量和稳定性降低；且由于雷达信号微弱、卫星信息号不连贯，GPS、VOR/DME 精度和稳定性大幅降低。

风险分析：经专家组讨论分析该风险可能导致通信中断、导航定位不准或失效，领航风险高，从而诱发不安全事件。

风险评估：该风险出现的可能性为偶尔，严重性为灾难性的，根据风险矩阵模型判定该风险等级为高风险。

管控措施：机务、飞行组织研讨，分析长途转场过程中可能出现的设备性能差异及其应对措施；组织研讨，制定无线电失效等应急处置程序；协调学院相关部门，咨询复杂地形条件下、导航干扰的判断和应对方法，积累经验。

（6）航路中大多数航段地形海拔高，地貌复杂，安全裕度小。该航路除"××—南充—合流水"航段外，其他航段均属于复杂地形，其中"涪陵—SUKPU、SUKPU—P448"航段需飞越巫山山脉，最低安全高度大于2 700 米，航路范围内 2 000 米以上的山峰林立，安全风险高；"三江—MUBEL"航段地处广西东北部，需飞越雪峰山等多个山脉和大面积喀斯特丘陵地区，最低安全高度大于 2 400 米。

风险分析：经专家组讨论分析，此次任务航段地形多复杂，安全裕度小，一旦发生特情，处置难度大，可能导致灾难性事故。

风险评估：该风险出现的可能性为偶尔，严重性为灾难性的，根据风险矩阵模型判定该风险等级为高风险。

管控措施：组织飞行人员对航路地形地貌进行详细研究，对常规飞行需关注的重点地形地貌进行标注明确，对应急处置需关注的重点地形地貌进行详细标注明确；组织机组人员学习、熟悉地形地貌，熟知各类应急处置程序。

案例三　机场驻训风险管理

一、背　景

因地方民航发展迅速，加之本场与地方机场特有的地理位置关系，现有训练资源愈发紧张，已逐步出现无法满足训练质量需求的情况，亟须向外拓展新场地、新资源，以缓解本场训练压力，确保训练任务进度与质量。经综合调研，选址××机场作为下一步拓资源计划的驻训地。为准确掌握新基地实际情况，确保驻训工作顺利、安全开展，在入驻前完成相应验证飞行。

二、危险源辨别、评级

针对环境变更（××机场驻训运行），单位组织相关部门召开专题研讨会。

（一）成立专家组

根据讨论专题内容与属性，本次专家组成员由安全监察部、飞行训练管理部、飞行大队、机务工程部、机场运行保障部及空中交通管理站相关技术专业人员组成。

任务分工如下：

由安全监察部牵头，组织并整体协调推进专题风险分析工作，主要负责各部门衔接部分工作或较大资源分配事项的协调与处理。飞行训练管理部、飞行大队、机务工程部、机场运行保障部及空中交通管理站分别从自身专业技术角度出发，熟悉项目背景，分析识别出相应危险源或隐患，并制定相关管控措施，负责措施落实到位，完成闭环。

（二）分析评估方法

运用 Reason 模型或 SHELL 模型，使用思维导图对危险源或风险点进行梳理。用风险矩阵法、专家评估法或两者相结合的评估方法对识别出的危险源开展评估。

（三）风险分析

在实际入驻前，针对此项目地理位置跨度较大，涉及专业部门较多，综合协调性事务集中度高等特点，单位组织召开两次集中风险评估会议，分别从验证飞行和驻训地运行现场秩序两个角度展开研讨。

第一次风险评估会以"验证飞行"为主题，相关部门经过前期的认真准备和安全预想，根据××机场空域特点和机场设施设备等因素，分成"验证飞行航线运行阶段""验证飞行本场运行阶段"两大板块对在××机场开展训练期间面临的危险源和风险进行讨论分析。辨别出××机场跑道短窄对飞行起落等科目的安全性造成影响、机场无导航台 2 个危险源；识别出新航线相关飞行资料无线电失效处置程序不全、机载设备新增 GPS 打点、航线较长易出现燃油管理不当、空域范围与起落航线有重叠等 19 项风险。对各项危险源和风险研究制定了相应的管控措施，确定了负责人及完成期限。

第二次风险评估会以"××机场运行现场秩序"为主题，着重从机场地面资源分配、协作运行角度展开分析讨论，辨别出停机位与定检排故位置混用、机坪飞机滑行路线不熟悉、机坪内工作人员行走路线不明确、放静电桩设置不满足运行需求、××机场机坪停止线划设与本场机坪有些差异等 14 项风险，对各项风险研究制定了相应管控措施，确定了负责人及完成期限。

完成前期验证飞行后，单位整理制发了包含驻训运行管理方案、机场运行规范（暂行）、机场应急救援预案等内容的"驻训资料包"。相关部门根据验证飞行的实际效果，修订完善了部门相应程序规定。入驻后，根据实际运行情况，驻训部门定期开展隐患排查工作，从环境变更、规定程序的完整性和适用性逐一梳理，识别出驻训基地停机 9 号位旅客上下飞机线路与训练滑行线路有交叉、驻训基地训练机停机位临近机位由外单位开展飞机组装工作、个别驻训人员对新运行环境程序不熟悉等 10 项风险，并对各项风险研究制定了相应管控措施，确定了负责人及完成期限。措施落实效果验证采取整改部门自行验证，叠加安全管理部门定期抽查验证的方式进行，以达到闭环管理效果。相关部门定期整理相关数据，运行系统平台，实现风险隐患入库管理，持续长期管控。

三、管控措施

对"××机场跑道短窄对飞行起落等科目的安全性造成影响"进行风险评级，专家组将此危险源评定为低风险。该风险主要涉及飞行专业，由飞行训练管理部牵头，飞行大队技术骨干参与。为确保飞行起落等科目运行安全可控，分院建议采取相关管控措施，从飞行规则、技术要点着手，降低"短、窄"跑道相关风险的可能性，确保××机场跑道飞行起落训练科目运行的安全风险始终处于可接受的范围。具体措施如下：调整下滑点位置至跑道头；高于正常目测 200 米，执行复飞；严格控制落地及滑跑方向；落地后禁止粗猛使用刹车、禁止带余速转弯。飞行训练管理部及飞行大队将相应规定与要求向驻训人员传达到位，在投入运行前完成教育，并做好相应记录。

对"驻训期间的维修运行保障工作流程出现错、漏"进行风险评级，专家组将此危险源评定为低风险。该风险主要涉及机务维修专业，由机务工程部责任全过程管控。为确保驻训维修运行工作安全可控，机务部门采取相关管控措施，从流程规范性角度，制定专项管理程序，降低错、漏维修步骤相关风险的可能性，确保驻训期间的维修运行保障工作的安全风险始终处于可接受的范围。具体措施如下：驻训小组编制《××机务驻训运行保障一日工作流程》，纳入《××驻训维修管理要求》工作程序。

对"寒冷天气露天停放时，舵面、刹车组件、静压孔、空速管等部位可能结冰"进行风险评级，专家组将此危险源评定为低风险。该风险主要涉及机务部门和空管气象部门运行，为确保飞行运行安全可控，分院采取相关管控措施，从飞机停放管理、气象预报管理着手，降低寒冷天气飞机露天停放相关风险的可能性，确保驻训期间飞机运行安全风险始终处于可接受的范围。具体措施如下：机务部门修订《CESSNA172露天停放检查程序》，增加寒冷天气结束露天停放恢复运行前，检查确认舵面、刹车组件、静压孔、空速管等部件无结冰；气象部门针对驻训地特点，完善特殊天气预报、预警流程及程序。

第六章

机制建设构建路径参考

一、从整体架构上搭建双重预防机制

双重预防机制整体架构如图 6-1 所示。

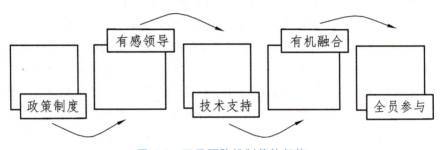

图 6-1　双重预防机制整体架构

（一）政策、制度支撑

上文已汇总并陈述了在双重预防工作机制建设、深化过程中，国家、地方以及民航专业领域对此项工作的很多指导性文件、规章制度。现就根据上述政策内容谈谈企事业单位在建设双重预防工作机制过程中应如何对制度体系进行优化。

1. 制度规范

在建立双重预防机制的过程中，制度应该发挥框架性、指导性作用。细化后的基础制度框架如图 6-2 所示。

所有的风险管控和安全隐患排查工作都应在 SMS 框架下开展，因此安全管理手册应该作为双重预防的总体指导，进行框架性概述。

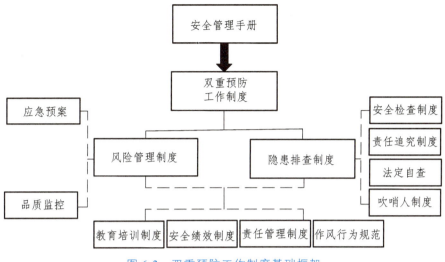

图 6-2　双重预防工作制度基础框架

双重预防工作制度作为安全管理手册的一个支撑性制度，需具体明确双重预防工作的范围、工作目的和思路、岗位职责以及监督检查等内容，并大体描述双重预防机制的内涵，即风险管理、隐患排查治理。

在双重预防工作制度的基础上，可进一步制定风险管理制度和安全隐患排查制度。这两个制度的制定与否应根据具体需求来讨论。涉及安全监督管理较多的部门可制定具体的风险管理制度，对风险管理的职责分工、风险等级划分、风险管理启动时机以及危险源辨识等内容进行规范。风险等级划分可参照上文所述标准执行。下面列举几个危险源辨识的基本途径：

（1）通过日常运行监测信息，识别危险源，如 SD 卡数据分析、视频监控、故障信息等。

（2）通过系统和工作分析识别危险源。

（3）通过员工自愿信息报告识别危险源。

（4）通过问卷调查、访谈、会议讨论等形式识别危险源。

（5）通过内部安全检查/安全审计识别危险源。

（6）通过内/外部不安全信息的分析和挖掘，识别危险源。

（7）通过安全信息综合分析识别危险源。

（8）参照行业事故、征候和学院飞行训练严重事件条款，分析可能触发事件的因素，进而识别危险源。

风险控制措施的制定应考虑以下内容：

（1）措施的类型，包括工程技术、培训教育、个体防护、应急处置和管理手段。

（2）可行性，措施在现有人员、技术、经费、管理、法律和规章等方面的可行性。

（3）可操作性，措施是否明确、具体、可操作，避免笼统、宽泛。

（4）预期效果及持久性，措施能否达到风险控制目标，能否产生长久效果。

2. 制度融合

制度体系建设应以安全管理体系为前提，形成具备民航共性部分、飞行训练本身的个性部分，在应用和验证过程中实现"较长阶段地完善优化—固化再验证—较短阶段地完善优化—固化再验证"的良性循环，将双重预防机制制度与安全管理、法定自查等制度有机融合，以双重预防机制为基础整合相同或相似的要素，将机制中的安全隐患排查治理纳入安全保证的一环持续推进，如在安全监察、法定自查制度中加入检查问题，纳入安全隐患清单机制，确保问题整改的系统性、专业性（见图6-3）。

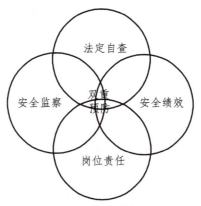

图 6-3　制度衔接与融合

（二）有感领导

东汉·班固《白虎通义·三教》："教者，效也，上为之，下效之。"所谓有感领导，也是如此。加强组织领导是顺利实施双重预防机制的关键，各级领导通过以身作则的良好个人安全行为，参与双重预防体系建设，使员工真正感知到构建双重预防体系的重要性，感受到领导重视构建双重预防体系的示范性，感知到自身开展或积极参与双预防的必要性。在构建双重预防机制的过程中，企事业单位要成立专门的领导小组，各级领导要提供人力、物力和组织运作上的保障，让员工感受到各级领导的强烈支持。

有感领导具体包含以下三层含义：

安全影响力：领导通过自己的言行展现对安全的重视，使员工和下属体会到领导对安全的重视，从而影响员工的思维和行为。

安全示范力：领导以身作则，模范遵守安全规定，通过自己的正面行为给员工树立榜样，使员工感受到领导做好安全的示范性。

安全执行力：领导在实际工作中严格遵守安全规章制度，参与安全管理，为安全管理提供充足的人力、物力和组织保障，确保安全工作得到有效执行。

只有做到各级领导通过员工可以"看到、听到、体验到"的方式展现自己对安全的承诺，包括承诺与保障、带头与示范、影响与感染等方面，有关领导才能使员工真正感知到安全生产的重要性，感受到领导做好安全的示范性，感知到自身做好安全的必要性。

具体来说，在建设双重预防机制的过程中，应按照"谁主管、谁负责""横向到边、纵向到底"的原则，明确企事业单位主要负责人、分管负责人、部门第一责任人班组及职工的风险管理和安全隐患排查治理责任要求。这些要求必须涵盖新安法的必要内容，以及国家、民航局和相关行政管理单位的硬性要求，并将风险分级管控及隐患排查治理工作纳入单位安全绩效考核管理，依据考核结论正确地指导分配、实施奖惩，以充分激发各岗位管理层对双重预防机制的重视程度及工作积极性，形成分工负责、分级负责的风险管控和隐患排查治理模式，更有利于双重预防机制自上而下持续发力。

（三）组织建设能力

培养或培训专业人才对专业领域进行风险分析。培养或培训专业风险分析的人才，能对企事业生产过程、劳动过程、工作环境中存在的风险科学地进行识别、评估，进行风险等级划分，根据风险等级的高低进行危险源分级管控，让风险得到全面管控，合理占用安全资源，从源头上控制风险，消除隐患。加强管理人员、班组长和骨干的双重预防机制培训，要播下种子，培养风险预控的习惯，让他们在员工中发挥表率、引领、示范作用。

建设强大且专业的风险管理专家队伍。风险管控主要包括危险源识别、风险评估、风险控制3个方面。其中，危险源识别的方式多种多样，但是否能识别出关键、核心的危险源，非常考验专家队伍的风险辨识能力。所以这项工作开展的质量高低，就取决于识别的危险源是否准确、关键。企事业单位的管理者也应从这个角度搭建专家队伍。首先，专家应具备的素质便是丰富的一线工作经验，且具有较强的逻辑思维能力以及表达能力，能高效、准确地识别出专项工作中的危险源。其次，专家队伍还需涵盖全部的专业领域，以确保在做系统性风险分析的时候每个专业领域不会遗漏。最后，还需对专家队伍进行统一、专业的双重预防机制理论培训，让专家队伍清晰、全面地了解双重预防工作全流程，与自身的专业领域结合，确保更顺利地开展双重预防机制建设工作。

提高员工对双重预防的认识，激发员工开展安全隐患排查工作的积极性。创新方式、方法，吸引广大职工参与到安全风险分级管控和隐患排查治理双重预防工作中来，确保安全风险确定的专业性、合规性，确保隐患排查的群众性、实效性，提升本质安全水平。

如何提升专业风险建设能力？一是要科学设置安全管理人员。管理人员应科学分布在安全管理各层级，并在"顶层设计、中层控制、基层执行"中熟练灵活运用安全管理工具方法，确保实际偏差在可控范围内。二是要科学理解双重预防工作机制的内涵和应用。在风险分级管控方面，准确区分固有风险、剩余风险和新增风险，针对不同风险采取管理、技术等手段实施有效管控，将风险管控于可接受水平。其中，危险源辨识、分级、制定风险控制措施、验证措施是否缺失或失效的过程，是双重预防工作机制落实的关键，也是最需要集中人力、物力和时间成本的过程。在隐患排查治理方面，要清醒地认识到对风险采取的管控措施不完善或有缺陷是形成隐患的原因。风险是流动的，它会随着措施失效或部分失效而引发隐患。因此，要治理隐患，就是要通过监测动态、评估管理、检查现场等手段发现问题，通过及时补充措施或弥补措施中的缺陷来消除隐患、减少风险。三是既要全面又要闭环管理安全运行。双重预防工作机制之于机场运行，要做到"两覆盖"，即覆盖全岗位、全流程。打造突出"预"和"防"的闭环管理链条，即"辨识各项运行作业活动中全要素的潜在风险—按风险等级分级制定并落实管控措施—逐级检验措施有效性—补充措施或弥补措施中的缺陷—再运行、再验证、再评价"，在做好眼前的前提下兼顾长远。

（四）重点环节、重点部位的确定

在风险管理和隐患排查治理过程中，很多工作者在执行时会感到迷茫，抓不住工作重点。这时就需要对运行环境中的重点部位、重点环节进行确定。

1. 重点环节的确定

在实际操作时，首先需要对运行环境进行整体的梳理和划分。以飞行训练举例，经过对工作流程的系统分析，总结出的飞行模块如表6-1所示。

表6-1　飞行运行模块

飞行运行					
标准管理	运行控制	运行管理	质量管理	培训管理	安全监管
资质管理	人力资源管理	飞行预先准备	地面理论考试	教员培训	日常安全监察
大纲及课程管理	飞机资源及地勤保障管理	飞行直接准备	飞行筛选	学员培训	定期安全检查
技术标准和等级管理	空域及航线资源管理	飞行实施	阶段检查	指挥员培训	安全教育培训
运行标准管理	飞行计划管理	飞行讲评	实践考试	特殊运行培训	安全信息报告
信息管理	飞机飞行及外场过站过夜管理	训练科目风险管理	熟练检查	课程更新培训	
	气象运行环境管理	飞行现场组织指挥管理	课程监管		
		空防安全管理	质量促进		

分析后可得出运行中的重点环节以及关键阶段,如运行控制-空域及航线资源管理、运行管理-飞行实施阶段等,对重点环节进行重点分析,利用上文所述的风险分析方法,有的放矢,辨识并抓住核心风险进行重点管控、分级管控,以期达到风险分级管控的要求及目的,合理分配安全管理资源,有利于建立轻重分明、措施有效的双重预防工作机制。

2. 重点部位的确定

确定双重预防工作的重点部位,主要目的是明确风险区域,哪些是高风险区域需要重点关注,将更多的安全管理资源投入这一区域,并让员工明确知晓重点部位的风险点,从而在工作时集中注意,减小不安全事件发生的概率。如何对重点部位进行确定,本书提供以下两种方式:

（1）历史数据加权法。在运行数据量足够、危险源库、安全隐患清单建设成熟的条件下,可根据危险源库和安全隐患清单,对危险源和安全隐患的所在地进行分析,并对整个安全运行场所进行模块划分。根据笔者经验,尽量以工作工种区域为划分原则,方便风险隐患的管理及控制治理措施的落实。对运行场所进行模块划分后,将目前掌握的危险源、安全隐患按照地理位置装入各模块中;同时根据装入危险源、安全隐患的数量、等级以及管控难度,设定重点部位划分规则。例如,某一区域同时存在 X 个一般安全隐患、Y 个重大危险源、Z 个可接受危险源,可利用加权法 $X \times$ 权重 1+$Y \times$ 权重 2+$Z \times$ 权重 3 计算出这一区域的总体安全风险值,根据数值大小对区域安全水平进行评估,进而得出整个运行环境中安全管理的重点部位。

（2）核心风险分析法。在数据量不足或初始运行的条件下,可根据系统分析中得出的本单位核心风险点进行延伸,分析出相对应的风险程度比较高的危险源。这里的危险源最好是包含地理位置信息的,作为初始运行的核心危险源进行重点管控。与历史数据加权法相似,对整个安全运行场所进行模块划分,并将分析出的核心危险源按划分好的区域装入各模块,最终根据各模块中核心危险源的多少,总结出运行环境中的安全管理重点部位。

（五）建立敏感型风险管理体系

1. 辨识危险源

（1）将各场所/设备设施/作业活动作为基本的辨识单元，以确保风险辨识覆盖本单位及相关方作业的所有场所、设备设施和作业活动。

（2）对已辨识出的危险源进行必要的筛选、排除和调整，形成基础危险源辨识清单。这里的清单可只包括危险源名称、识别途径、原因以及可能导致的后果。

2. 确定等级

风险评价方法包括：风险矩阵法（RP法）、作业条件危险性评价法（LEC法）等，可按照行业主管部门推荐的风险评价方法或上级单位要求的评价方法确定等级。

3. 危险源库的建设

可根据实际需求对危险源库的要素进行确定。要素包括危险源名称、危险源所在部门、是否是重大危险源/核心危险源、危险源可能导致的后果、现有风险控制措施、风险分级评价、计划风险控制措施、风险控制措施落实效果等内容。

实践过程中，笔者发现，很多时候一线工作者往往愿意填报要素较少、自由度较高的问题反馈单。因此如果企事业处于双重预防机制的初始建设阶段，需要快速辨识出生产运行全过程的风险和隐患，建议将危险源库设置成填写自由度较高、仅填报必须要素的模式，尽可能让员工主观描述发现的风险，从而提升收集风险的能力，尽快建设基础危险源库。

4. 管控措施的制定

（1）可按照技术措施、管理措施和个体防护等类型制定控制措施。管控措施的制定思路如表6-2所示。

（2）制定管控措施时按照消除、替代、降低优先顺序进行考虑：

① 停止使用危害性物质，或以无害物质替代。

② 改用危害性较低的物质。

表 6-2　管控措施的制定思路

类型		管控措施	备注
技术措施	工艺技术措施	1. 防止能量积蓄：如压力容器设置安全阀； 2. 隔离：如机械旋转部位采用防护罩或防护网； 3. 安全装置：如设备安全联锁装置、安全带悬挂装置	
	探测性措施	安装燃气泄漏报警装置、设备温度超标报警装置、电气线路末端剩余电流保护等	
管理措施	基础管理措施	定期对相关方进行安全监督检查；特种作业人员培训取证上岗等	
	现场管理措施	设置警示标识、剧毒品领用实行"五双"制度、配电倒闸操作实行"操作票"制度、进入设备内部作业实行上锁和监护制度等	
个体防护		进入噪声作业场所佩戴耳塞；低压电气作业时戴绝缘手套等	

③ 改变工艺减轻危害性。

④ 限制危害。

⑤ 工程技术控制。

⑥ 管理控制。

⑦ 个体防护。

⑧ 其他。

5. 持续完善风险管理体系

运行现场如同"战场"，要想打赢"安全战役"，必须重视运行现场的每个角落、每个环节，因为任何小差错、小纰漏都有可能造成人身伤害及财产损失。因此，深入运行现场，抓好细节，才能堵住安全缺口，持续完善风险管控体系。

无监管不成方圆，在实际工作中，应建立现场督导机制，企事业单位领导应定期对生产运行现场进行监督检查，但频率不宜设置得过高，建议以季度为周期进行督导检查。工作机制应明确以下内容：

（1）有重点。要认真制定督导检查内容及重点，明确每次督查查什么、如何查，邀请业务骨干、专家开展专题培训，讲授督查要点和注意事项。

（2）有清单。要严格落实"两个清单"管理，将每次督导检查发现的风险隐患实行清单化、闭环式管理，确保风险隐患及时整改、销号清零。

（3）有会商。要组织有关单位认真分析安全生产工作形势，及时研判工作态势和短板不足，提出改进和加强措施，消除风险隐患。

（4）有运用。发挥"三单"作用（工作交办单、提醒单、督办单），视情况通报督查结果落实情况，同时将督查结果纳入年度目标责任考核内容。

在工作现场建立动态预警机制，在重点部位安装监测报警装置，对风险进行持续监控、预测报警、动态管理，推动风险管理体系规范化、科学化。

（六）安全隐患判定标准和建立常态化安全隐患排查治理机制

1. 安全隐患判定标准的建立

安全隐患分为一般安全隐患和重大安全隐患。关于重大安全隐患，民航局在《民航重大安全隐患判定标准（试行）》（局发明电〔2023〕912号）中已加以明确。笔者将涉及通航运行的重大隐患内容摘录供读者参考：

重大安全隐患：危害和整改难度较大，应当全部或者局部停产停业，并经过一定时间整改治理方能排除的安全隐患，或者因外部因素影响致使民航生产经营单位自身难以排除的安全隐患。

民航重大安全隐患主要包括3大类：

（1）组织原因严重违规违章、超能力运行等安全管理缺陷。

（2）关键设备、设施状况严重违规违章等不安全状态。

（3）关键岗位人员严重违规违章等不安全行为。

民航生产经营单位安全管理工作中存在下列情形，应判定为重大安全隐患：

（1）未建立全员安全生产责任制。

（2）未依法配备安全生产管理机构或专/兼职安全生产管理人员。

（3）未保证安全生产投入，致使该单位被局方评估为不具备安全生产条件。

（4）未建立安全管理体系或等效安全管理机制。

（5）未对承包单位、承租单位的安全生产工作统一协调、管理。

（6）未制定本单位生产安全事故应急救援预案。

（7）未取得安全生产行政许可及相关证照，或弄虚作假、骗取、冒用安全生产相关证照从事生产经营活动。

（8）被依法责令停产停业整顿、吊销证照、关闭的生产经营单位，继续从事生产经营活动。

（9）关闭、破坏直接关系生产安全的监控、报警、防护、救生设备、设施，或篡改、隐瞒、销毁其相关数据、信息。

（10）在本单位发生事故时，主要负责人不立即组织抢救或者在调查处理期间擅离职守或者逃匿，或隐瞒不报、谎报，或在调查中作伪证或者指使他人作伪证。

民用航空器维修单位在 12 个日历月内存在下列情形，应判定为重大安全隐患：

1）组织原因严重违规违章

（1）未按照经批准的许可维修范围和限制，重复违规从事民用航空器及其部件维修工作。

（2）重复出现违规使用不符合岗位资质的人员从事维修及相关管理工作。

（3）在维修许可审定过程中，存在弄虚作假情况，或通过提供虚假材料等不正当手段取得维修许可证及其许可维修项目。

（4）未建立或未有效实施相关管理制度，重复出现关键维修管理人员管理记录造假、维修记录造假，或相关培训和资质记录造假。

2）工具或器材状况严重违规违章等不安全状态

（1）维修工作中多次使用的工具不符合规章要求。

（2）不合格的航材在维修工作中被违规大面积使用。

3）关键岗位人员严重违规违章等不安全行为

重复出现同类维修差错的情形。

2. 建立常态化安全隐患排查治理机制

为便于基层一线人员排查并判定隐患，可在每年年初编制安全隐患定期排查计划表，对排查计划的形式、频次、具体时间进行确定。计划可与安全监察、安全检查等工作相结合，以期达到更高的工作效率。

建议形式和次数：单位级综合安全检查，每半年不少于 1 次；部门级综合安全隐患排查，每季度不少于 1 次；专项安全检查，每半年不少于 1 次；季节性和节假日安全隐患例行检查；基层管理/班组长和安全员检查，每周至少 1 次；专业技术和管理人员日常检查；作业岗位人员班前、班中、班后安全隐患排查。

可编制重点部位安全隐患排查表。排查表的要素包括但不限于排查区域、排查项目、发现隐患名称、发现时间等内容，便于对安全隐患的分类治理，同时也更有利于一线工作者了解工作区域内的安全状况。

1）安全隐患分类方法

（1）按出现类型分类：人的不安全行为、物的不安全状态、管理的缺陷。

（2）按发生频率分类：偶发性隐患和多发性隐患。

（3）按治理主责单位/部门分类。

（4）按存在地点分类。

（5）按隐患定义分类：风险控制措施失效、重复性违规违章。

2）安全隐患分级方法

（1）可分为一般安全隐患和重大安全隐患，也可将一般安全隐患再进行细分。

（2）重大安全隐患参考相关重大安全隐患判定标准。如《民航重大安全隐患判定标准（试行）》（局发明电〔2023〕912 号）、《煤矿重大事故隐患判定标准》（应急管理部令第 4 号）、《工贸行业重大生产安全事故隐患判定标准（2017 版）》等。

3）安全隐患的共享

可建立安全隐患公示机制，具体方法如下：

（1）公示频次：至少每月一次，建议半月一次，有利于让员工及时知晓岗位安全隐患。

（2）公示方式：公告栏、信息化平台、安全隐患通报、微信群、会议、班组活动等。

（3）公示内容：包括安全隐患所在部门/部位、治理责任部门和治理完成情况、治理完成时间等。

（4）对无法及时消除的安全隐患，应当在安全隐患所在位置或场所设立警示标志，及时向员工公示安全隐患的危害程度、影响范围、治理措施及应急措施。

4）预防事故

在实际操作中，建立了危险源库及安全隐患清单后，利用危险源库和安全隐患清单来预防事故，主要可以通过以下几个方面来实施：

（1）风险导向的安全管理。危险源库作为安全管理的核心，定期进行风险评估，识别关键风险点，并针对这些点制定针对性的预防措施。利用安全隐患清单作为日常巡查和检查的依据，确保所有已知的隐患得到及时的关注和处理。

（2）预防为主的控制策略。对于高风险的危险源，采取工程控制措施，如改进设备设计、安装防护装置等，以降低事故发生的可能性。实施行政控制措施，如制定严格的操作规程和工作指导书，确保员工按照安全规范进行作业。提供必要的个人防护装备，并确保员工正确佩戴和使用。

（3）持续的风险监控与评估。通过定期的现场检查和监测，跟踪危险源的状态变化，及时发现新的风险点。对已采取的控制措施进行效果评估，确保其仍然能有效地降低风险。

（4）培训与教育。利用危险源库和安全隐患清单作为培训材料，提高员工对潜在危险的认识和自我保护能力。定期开展安全培训，确保员工了解最新的安全信息和应对措施。

（5）事故调查与反馈。对发生的任何事故都进行彻底调查，分析事故原因，评估是否与已知的危险源或安全隐患有关。将事故调查的结果反馈到危险源库和安全隐患清单的更新中，防止类似事故再次发生。

（6）文化建设。建立安全文化，鼓励员工积极参与安全管理，报告潜在的安全隐患，形成全员参与的安全氛围。

（7）法规遵守与持续改进。确保所有的安全管理活动符合国家法律法规和行业标准。根据技术发展和管理经验，不断更新、完善危险源库和安全隐患清单，实现持续改进。

二、双重预防工作的智慧监管系统

双重预防机制数字化的实质是通过数字技术减少信息交流的成本，推动企业双重预防机制的高效持续运行，提高企业安全管理效率。通过信息化技术的应用，解决传统安全管理模式下全员参与不充分、风险管控措施不落实、隐患排查不精准、整改情况难以追溯等双重预防机制建设过程中的痛点、难点问题，保证双重预防机制有效执行、切实落地。

（一）智慧监管系统搭建分级

1. 表现层

表现层是系统与外部操作连通的媒介，主要负责处理用户界面的渲染与操作，包含网页端用户界面，如文本编辑界面、图形界面、文件上传等。同时，表现层也负责处理用户输入与输出的部分功能。

2. 接口层

接口层是系统平台的中间接口，负责不同层之间的数据传输，如数据库接口、网络接口等，以及处理不同层之间的信息流转。前端页面发送各类网络请求，通过网关访问不同功能模块对应的服务实例，从而实现系统的各种功能。

3. 服务层

服务层是系统平台的核心，负责处理业务逻辑，如数据处理、业务流程处理等工作，保证双重预防机制平台网页端后台管理系统应用功能模块的正常运行。

4. 数据层

数据层负责平台数据的抽取、组织、清洗、转换，以及数据的存储与检索。用户通过界面操作，对数据库中各表内的数据进行增、删、改、查。

网页端后台使用 Druid 等实现数据库连接池，提供用户操作界面渲染所需要的数据，以及将用户操作过程中提交的信息与文件等上传至服务器。

5. 存储层

存储层主要负责数据的存储，如文件存储、用户操作提交的信息数据等，可使用 MySQL 等存储系统内的结构化数据。用户上传的图片、音频、视频等文件在记录文件名称与存储后，存储至文件存储服务器内。

智慧监管系统层级如图 6-4 所示。

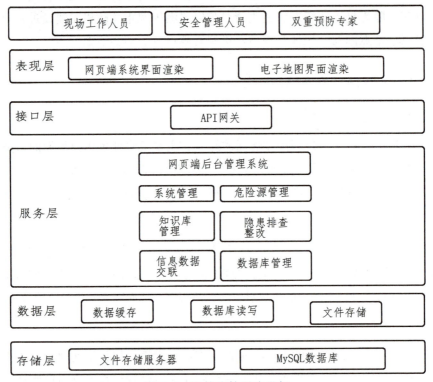

图 6-4 智慧监管系统层级

（二）智慧监管系统实现功能

1. 风险识别与评估

利用先进的数据分析技术，如大数据分析和机器学习，对潜在的风险因素进行实时监测和评估。结合行业标准和历史数据，建立风险数据库，为风险评估提供科学依据。

2. 预警预测

构建预警模型，通过模拟和预测技术，提前识别出可能导致事故或故障的风险点。设定预警阈值，一旦监测数据超过预设范围，系统会自动发出预警信号。针对预警预测机制，需构建动态监测与智能预警系统。该系统应集成传感器数据、运营数据以及外部环境信息，通过实时数据流分析，应用统计过程控制（SPC）和人工神经网络（ANN）等算法，实现对潜在风险的实时监控和预警。此外，应开发预警模型校准模块，定期对预警模型进行验证和调整，以适应环境变化和新出现的风险。

3. 决策支持

提供实时数据展示和分析工具，辅助管理人员做出基于数据的决策。集成专家系统，提供专业建议和解决方案，帮助快速响应潜在风险。

4. 应急响应

设计灵活的应急预案库，根据不同类型的风险事件，提供标准化的应急流程和操作指南。实现与现场设备的联动控制，确保在紧急情况下能够迅速采取措施，如自动切断电源、启动备用系统等。建立标准化应急预案库，并配备灵活的应急处置模块。预案库应包含针对各类风险事件的详细应对流程、资源清单和角色职责。应急处置模块应支持快速配置和部署，能够在紧急情况下实现资源的最优配置和调度。同时，应实施定期的应急演练，评估预案的可行性，并根据演练结果对预案进行迭代优化。

5. 培训与教育

开发在线培训平台，提供针对性的安全教育和应急处理课程。利用虚拟现实（VR）或增强现实（AR）技术，创建沉浸式的培训环境，提高员工的应急处理能力。

6. 监督与审计

建立监督机制，定期检查预防措施的执行情况，确保系统的有效性。

实施审计跟踪,记录所有关键操作和事件,便于事后分析和持续改进。

7. 持续改进

设立反馈渠道,收集一线员工和管理层的意见及建议,持续优化系统性能。根据实际运行情况和新出现的风险,不断更新风险数据库和预警模型;实施动态调整策略,根据风险评估结果、预警信息以及应急响应经验,不断优化风险数据库、预警模型和应急预案。同时,应建立知识管理平台,积累和分享风险管理经验,提升全员的风险防范意识和应对能力。此外,关注新兴风险和技术发展,及时更新风险管理工具和方法,确保双重预防工作机制的时效性和前瞻性。

8. 法规遵从

确保系统符合国家和民航局的相关法律法规要求,包括数据保护、隐私保护等。提供合规性检查工具,帮助企事业单位及时调整内部流程,确保合规运行。

9. 跨部门协同

实现与其他业务系统的集成,如 ERP、CRM 等,确保信息流畅无阻。促进跨部门沟通,确保在紧急情况下能够快速协调资源和人员。

10. 用户体验优化

设计直观易用的用户界面,确保所有用户都能轻松上手操作。提供多语言支持,满足不同地区和国际用户的需求。

11. 技术支持与维护

提供全天候技术支持服务,确保系统稳定运行,及时解决用户遇到的问题。定期进行系统维护和升级,保证软件和硬件的先进性、安全性。

12. 数据安全与隐私保护

实施严格的数据加密和访问控制措施,确保敏感数据的安全。遵守数据保护法规,确保用户数据隐私不受侵犯。

通过整合以上功能,双重预防智慧系统能够为企事业单位提供全面的双重预防机制建设方案，帮助企事业单位在复杂多变的环境中保持竞争力，确保核心业务或运行能力的持续稳定发展。

三、双重预防机制建设总结

最后，笔者想谈谈对于安全、对于双重预防机制的想法。

双重预防机制建设不是一项任务，也不是阶段性的工作，而是建立企业控制风险、防范事故的长效机制。方法没有复杂与简便之分，只有适用和不适用的区别。

在通用航空领域，构建双重预防机制是确保飞行安全的基石。该机制要求我们从风险管理的角度出发，既要注重预防事故的发生，也要准备好应对可能出现的紧急情况。为此，我们必须建立一个全面的风险评估体系，对飞行操作、航空器维护、空中交通管理以及气象条件等各个方面进行深入分析，以识别和量化潜在风险，及时查找整治安全隐患。

通用航空建设双重预防机制的意义深远且多维度。

首先，它通过科学的风险评估和有效的预防措施，极大地降低了飞行事故的发生率，保障了机上人员的生命安全。例如，对飞机维护系统的严格监控和定期检查，可以预防因设备故障导致的事故，确保飞机在起飞、巡航和降落等各个阶段的安全运行。

其次，双重预防机制有助于提升通用航空运营的整体效率。优化飞行计划和提高空中交通管理水平，可以减少不必要的延误和等待时间。例如，通过使用先进的导航技术和气象信息系统，飞行员可以更准确地规划航线，避开恶劣天气，确保顺畅运行。此外，双重预防机制对通用航空产业的可持续发展具有积极影响。减少事故和提高安全水平，可以增强公众对通用航空的信任，促进市场需求的增长。在社会责任方面，通用航空作为现代交通体系的重要组成部分，承担着向公众提供安全、高效服务的责任。通过建设双重预防机制，通用航空企业不仅能够保护乘客的生命财产安全，还能在紧急救援和社会服务等方面发挥重要作用。例如，在自然灾害发生时，通用航空可以迅速运送救援物资和人员到受灾地区，提供及时的援助。

最后，构建双重预防机制是通用航空行业适应全球化和市场竞争的必然选择。在全球化背景下，通用航空企业面临着日益激烈的竞争，只有通过不断创新和提升安全管理水平，才能在国际市场上取得竞争优势。

综上所述，通用航空建设双重预防机制对于提升安全水平、优化运行效率、促进可持续发展、履行社会责任以及应对全球化挑战等方面都具有重大意义。这不仅是对"人民至上，生命至上"的最好弘扬，也是对行业未来发展的投资，对于构建更加安全、高效的通用航空体系至关重要。

附 录

《中华人民共和国安全生产法》（2021 年修订版）部分条款

第四条 生产经营单位必须遵守本法和其他有关安全生产的法律、法规，加强安全生产管理，建立健全全员安全生产责任制和安全生产规章制度，加大对安全生产资金、物资、技术、人员的投入保障力度，改善安全生产条件，加强安全生产标准化、信息化建设，构建安全风险分级管控和隐患排查治理双重预防机制，健全风险防范化解机制，提高安全生产水平，确保安全生产。

平台经济等新兴行业、领域的生产经营单位应当根据本行业、领域的特点，建立健全并落实全员安全生产责任制，加强从业人员安全生产教育和培训，履行本法和其他法律、法规规定的有关安全生产义务。

第二十一条 生产经营单位的主要负责人对本单位安全生产工作负有下列职责：

（一）建立健全并落实本单位全员安全生产责任制，加强安全生产标准化建设；

（二）组织制定并实施本单位安全生产规章制度和操作规程；

（三）组织制定并实施本单位安全生产教育和培训计划；

（四）保证本单位安全生产投入的有效实施；

（五）组织建立并落实安全风险分级管控和隐患排查治理双重预防工作机制，督促、检查本单位的安全生产工作，及时消除生产安全事故隐患；

（六）组织制定并实施本单位的生产安全事故应急救援预案；

（七）及时、如实报告生产安全事故。

第四十条　生产经营单位对重大危险源应当登记建档，进行定期检测、评估、监控，并制定应急预案，告知从业人员和相关人员在紧急情况下应当采取的应急措施。

生产经营单位应当按照国家有关规定将本单位重大危险源及有关安全措施、应急措施报有关地方人民政府应急管理部门和有关部门备案。有关地方人民政府应急管理部门和有关部门应当通过相关信息系统实现信息共享。

第四十一条　生产经营单位应当建立安全风险分级管控制度，按照安全风险分级采取相应的管控措施。

生产经营单位应当建立健全并落实生产安全事故隐患排查治理制度，采取技术、管理措施，及时发现并消除事故隐患。事故隐患排查治理情况应当如实记录，并通过职工大会或者职工代表大会、信息公示栏等方式向从业人员通报。其中，重大事故隐患排查治理情况应当及时向负有安全生产监督管理职责的部门和职工大会或者职工代表大会报告。

县级以上地方各级人民政府负有安全生产监督管理职责的部门应当将重大事故隐患纳入相信息系统，建立健全重大事故隐患治理督办制度，督促生产经营单位消除重大事故隐患。

《国务院安委会办公室关于实施遏制重特大事故工作指南构建双重预防机制的意见》
（安委办〔2016〕3号）部分条款

二、着力构建企业双重预防机制

（一）全面开展安全风险辨识。各地区要指导推动各类企业按照有关制度和规范，针对本企业类型和特点，制定科学的安全风险辨识程序和方法，全面开展安全风险辨识。企业要组织专家和全体员工，采取安全绩效奖惩等有效措施，全方位、全过程辨识生产工艺、设备设施、作业环境、人员行为和管理体系等方面存在的安全风险，做到系统、全面、无遗漏，并持续更新完善。

（二）科学评定安全风险等级。企业要对辨识出的安全风险进行分类梳理，参照《企业职工伤亡事故分类》（GB 6441—1986），综合考虑起因物、引起事故的诱导性原因、致害物、伤害方式等，确定安全风险类别。对不同类别的安全风险，采用相应的风险评估方法确定安全风险等级。安全风险评估过程要突出遏制重特大事故，高度关注暴露人群，聚焦重大危险源、劳动密集型场所、高危作业工序和受影响的人群规模。安全风险等级从高到低划分为重大风险、较大风险、一般风险和低风险，分别用红、橙、黄、蓝四种颜色标示。其中，重大安全风险应填写清单、汇总造册，按照职责范围报告属地负有安全生产监督管理职责的部门。要依据安全风险类别和等级建立企业安全风险数据库，绘制企业"红橙黄蓝"四色安全风险空间分布图。

（三）有效管控安全风险。企业要根据风险评估的结果，针对安全风险特点，从组织、制度、技术、应急等方面对安全风险进行有效管控。要通过隔离危险源、采取技术手段、实施个体防护、设置监控设施等措施，达到回避、降低和监测风险的目的。要对安全风险分级、分层、分类、分专业进行管理，逐一落实企业、车间、班组和岗位的管控责任，尤其要强化对重大危险源和存在重大安全风险的生产经营系统、生产区域、岗位的重点管控。企业要高度关注运营状况和危险源变化后的风险状况，动态评估、调整风险等级和管控措施，确保安全风险始终处于受控范围内。

（四）实施安全风险公告警示。企业要建立完善安全风险公告制度，并加强风险教育和技能培训，确保管理层和每名员工都掌握安全风险的基本情况及防范、应急措施。要在醒目位置和重点区域分别设置安全风险公告栏，制作岗位安全风险告知卡，标明主要安全风险、可能引发事故隐患类别、事故后果、管控措施、应急措施及报告方式等内容。对存在重大安全风险的工作场所和岗位，要设置明显警示标志，并强化危险源监测和预警。

（五）建立完善隐患排查治理体系。风险管控措施失效或弱化极易形成隐患，酿成事故。企业要建立完善隐患排查治理制度，制定符合企业实际的隐患排查治理清单，明确和细化隐患排查的事项、内容和频次，并将责任逐一分解落实，推动全员参与自主排查隐患，尤其要强化对存在重大风险的场所、环节、部位的隐患排查。要通过与政府部门互联互通的隐患排查治理信息系统，全过程记录报告隐患排查治理情况。对于排查发现的重大事故隐患，应当在向负有安全生产监督管理职责的部门报告的同时，制定并实施严格的隐患治理方案，做到责任、措施、资金、时限和预案"五落实"，实现隐患排查治理的闭环管理。事故隐患整治过程中无法保证安全的，应停产停业或者停止使用相关设施设备，及时撤出相关作业人员，必要时向当地人民政府提出申请，配合疏散可能受到影响的周边人员。

《企业安全生产标准化基本规范》
（GB/T 33000—2016）部分条款

5.5　安全风管控及隐患排查治理

5.5.1　安全风险管理

5.5.1.1　安全风险辨识

企业应建立安全风险辨识管理制度，组织全员对本单位安全风险进行全面、系统的辨识。

安全风险辨识范围应覆盖本单位的所有活动及区域，并考虑正常、异常和紧急三种状态及过去、现在和将来三种时态。安全风险辨识应采用适宜的方法和程序，且与现场实际相符。

企业应对安全风险辨识资料进行统计、分析、整理和归档。

5.5.1.2　安全风险评估

企业应建立安全风险评估管理制度,明确安全风险评估的目的、范围、频次、准则和工作程序等。

企业应选择合适的安全风险评估方法，定期对所辨识出的存在安全风险的作业活动、设备设施、物料等进行评估。在进行安全风险评估时，至少从影响人、财产和环境三个方面的可能性和严重程度进行分析。

5.5.1.3　安全风险控制

企业应选择工程技术措施、管理控制措施、个体防护措施等，对安全风险进行控制。

企业应根据安全风险评估结果及生产经营状况等，确定相应的安全风险等级，对其进行分级分类管理，实施安全风险差异化动态管理，制定并落实相应的安全风险控制措施。

企业应将安全风险评估结果及所采取的控制措施告知相关从业人员，使其熟悉工作岗位和作业环境中存在的安全风险，掌握、落实应采取的控制措施。

5.5.1.4 变更管理

企业应制定变更管理制度。变更前应对变更过程及变更后可能产生的安全风险进行分析，制定控制措施，履行审批及验收程序，并告知和培训相关从业人员。

5.5.3 隐患排查治理

5.5.3.1 隐患排查

企业应建立隐患排查治理制度.逐级建立并落实从主要负责人到每位从业人员的隐患排查治理和防控责任制。并按照有关规定组织开展隐患排查治理工作。及时发现并消除隐患，实行隐患闭环管理。

企业应根据有关法律法规、标准规范等，组织制定各部门、岗位、场所、设备设施的隐患排查治理标准或排查清单，明确隐患排查的时限、范围、内容、频次和要求，并组织开展相应的培训。隐患排查的范围应包括所有与生产经营相关的场所、人员，设备设施和活动，包括承包商、供应商等相关方服务范围。

企业应按照有关规定。结合安全生产的需要和特点，采用综合检查、专业检查、季节性检查、节假日检查，日常检查等不同方式进行隐患排查。对排查出的隐患，按照隐患的等级进行记录，建立隐患信息档案，并按照职责分工实施监控治理。组组有关专业技术人品对本企业可能存在的重大服出做出认定，并按照有关规定进行管理。

企业应将相关方排查出的隐患统一纳入本企业隐患管理。

5.5.3.2 隐患治理

企业应根据隐患排查的结果，制定隐患治理方案，对隐患及时进行治理。

企业应按照责任分工立即或限期组织整改一般隐患。主要负责人应组织制定并实施重大隐患治理方案。治理方案应包括目标和任务、方法和措施、经费和物资、机构和人员、时限和要求、应急预案。

企业在隐患治理过程中，应采取相应的监控防范措施。隐患排除前或排除过程中无法保证安全的，应从危险区域内撤出作业人员，疏散可能危及的人员，设置警戒标志，暂时停产停业或停止使用相关设备、设施。

5.5.3.3　验收与评估

隐患治理完成后，企业应按照有关规定对治理情况进行评估、验收。重大隐患治理完成后，企业应组织本企业的安全管理人员和有关技术人员进行验收或委托依法设立的为安全生产提供技术、管理服务的机构进行评估。

5.5.3.4　信息记录、通报和报送

企业应如实记录隐患排查治理情况，至少每月进行统计分析，及时将隐患排查治理情况向从业人员通报。

企业应运用隐患自查、自改、自报信息系统，通过信息系统对隐患排查、报告、治理、销账等过程进行电子化管理和统计分析，并按照当地安全监管部门和有关部门的要求，定期或实时报送隐患排查治理情况。

《安全管理手册》（Doc9859）部分条款

2.1.3　航空安全是动态的。新的安全隐患和风险不断出现，必须予以缓解。只要安全风险保持在一个适当的控制水平之下，像航空这样开放和动态的系统就仍能保持安全。值得注意的是，可接受的安全绩效往往受到国内和国际规范与文化的限定和影响。

2.5　安全风险管理

安全风险管理（SRM）是安全管理的重要组成部分，它包括危险识别、安全风险评估、安全风险缓解和风险接受。安全风险管理是一个持续的活动，因为航空系统不断发生变化，可能引入新的危险，并且一些危险和相关的安全风险可能会随着时间而改变。此外，必须对所实施的安全风险缓解策略的有效性进行监测，以确定是否需要采取进一步行动。

2.5.1.2　危险是航空活动不可避免的一部分，但是，其表现形式和可能的不利后果可以通过缓解策略来处理，目的是抑制危险导致不安全状况

的可能性。只要危险受到控制，航空就可以与危险共存。危险识别是安全风险管理过程的第一步。它先于安全风险评估，并需要清楚地了解各种危险及其相关后果。

2.5.3.1　安全风险概率是安全后果或结果将发生的可能性。重要的是要设想各种情景，以便能够考虑所有潜在的后果。下列问题有助于确定概率：

a）历史上是否发生过与目前所考虑的类似事件，或这只是一个孤立事件？

b）还有哪些其他同类设备或组件有类似的问题？

c）有多少人员在遵循或受制于所谈论的程序？

d）所考虑的危险暴露在什么地方？例如，在运行中使用设备或活动的时间的百分比是多少？

2.5.4.1　一旦完成概率评估，下一步就是评估安全风险的严重性，同时考虑到与危险相关的潜在后果。安全风险严重性的定义为，作为所查明的危险之后果或结果，可合理预期发生的危害之程度。

2.5.5.3　在概念上，安全风险的评估结果分为可接受的、可容忍的或不可容忍的。经评估最初落入不可容忍范围的安全风险在任何情况下都是不可接受的。危险的概率和/或严重性如此之大，且危险的破坏潜力对安全构成了如此威胁，以至于以致于需要采取缓解行动或者停止活动。

2.5.7.1　安全风险缓解通常被称为安全风险控制。应该通过采取适当的安全风险控制措施来减轻安全风险，从而把安全风险管理到一个可接受的水平。为减少或消除安全风险所采取的行动应该平衡兼顾时间、成本和难度。可以通过降低潜在后果的严重性、降低事件发生的可能性或减少暴露于安全风险的机会来降低安全风险水平。减少可能性比降低严重性更容易，也更常用。

2.5.7.2　安全风险缓解措施经常是对操作程序、设备或基础设施做出变化。安全风险缓解策略分为三类：

a）避免：由于安全风险超过继续活动的好处而取消或避免开展运行或活动，从而完全消除安全风险。

b）减少：降低运行或活动的频率，或采取行动减轻安全风险后果的严重程度。

c）隔离：采取行动隔离安全风险后果的影响或制定冗余措施来加以防范。

《民航安全风险分级管控和隐患排查治理双重预防工作机制管理规定》(民航规〔2022〕32号)部分条款

5.1　工作原则

民航安全风险分级管控和隐患排查治理工作坚持依法合规,务实高效、闭环管理的原则,围绕事前预防,推动从源头上防范风险、从根本上消除安全隐患。双重预防机制是民航安全管理体系的核心内容,建设和实施过程中应当遵循有机融合、一体化运行的原则。

双重预防机制的第一重预防机制——安全风险分级管控,对应民航SMS的第二大支柱——安全风险管理,本质相同。双重预防机制的第二重预防机制——安全隐患排查治理,属于民航安全管理体系的第三大支柱——安全保证的一部分,安全隐患排查同时也是获取安全绩效监测数据的一种方式,并且可能发现新的危险源。

6.1　负责人的职责

(1)民航生产经营单位的主要负责人是本单位安全生产第一责任人,对本单位安全生产工作全面负责,在SMS框架内组织建立并落实双重预防机制,督促、检查本单位的安全生产工作及时消除安全隐患。

(2)其他负责人按照"三管三必须"的原则对职责范围内的安全风险分级管控和隐患排查治理工作负责。

6.2　部门的职责

(1)安全管理部门负责组织开展危险源识别、风险分析和评价分级,拟订或组织其他其它业务部门拟订相关风险控制措施,督促落实本单位重大危险源、重大风险的安全管理措施;;检查本单位的安全生产状况,及时排查安全隐患,提出改进安全生产管理的建议;;如实记录本单位安全隐患排查治理情况,并向从业人员通报。

(2)其他部门按照"三管三必须"的原则,履行民航生产经营单位内部管理规定的相应职责,并按规定参与或独立开展危险源识别,风险分析和评价分级,以及拟定风险控制措施,及时排查治理职责范围内的安全隐患。

6.3 从业人员的职责

民航生产经营单位的从业人员应当严格执行本单位的安全生产和安全管理制度和操作规程，发现安全隐患或者其他不安全因素，应当立即向现场安全管理人员或者本单位负责人报告。

6.4 工会的职责

民航生产经营单位的工会发现安全隐患时，有权提出解决的建议。

6.5 外包方的监管职责

民航生产经营项目、场所发包或者出租给其他单位的，可能危及对方生产安全的，民航生产经营单位应当与承包、承租单位签订安全生产管理协议，明确各方对安全生产风险分级管控和隐患排查治理的管理职责。民航生产经营单位对承包、承租单位的安全生产工作负有统一协调、管理的职责。

6.6 同一作业区域的监督职责

在同一作业区域内存在两个以上生产经营单位同时进行生产经营活动，可能危及对方生产安全的，应当签订安全生产管理协议，明确各自安全生产管理职责、安全风险管控措施和安全隐患治理措施，并指定专职安全管理人员进行安全检查与协调。民用机场等特定运行场景下另有规定的，从其规定。

7.3 危险源识别

民航生产经营单位应当综合使用被动和主动的方法，识别与其航空产品或服务有关、影响航空安全的危险源，描述危险源可能导致的事故、征候以及一般事件等后果，从而梳理出危险源与后果之间存在可能性的风险路径。

对重大危险源应当专门登记建档，进行定期检测、评估、监控，并制定应急预案，告知从业人员和相关人员在紧急情况下应采取的应急措施。民航生产经营单位应当按国家有关规定将本单位重大危险源及有关管控措施、应急措施报所在地地方人民政府应急管理部门和所在地监管局备案，并抄报所在地地区管理局。

7.4 风险分析和风险评价分级

民航生产经营单位应当明确安全风险分级标准，对其所识别的、影响航空安全的危险源进行风险分析和评价分级,从高到低分为不可接受风险、缓解后可接受风险和可接受风险三个等级(采用更多等级的单位,需明确对应关系)

安全风险矩阵和分级标准由民航生产经营单位按民航局相关业务文件规定和本单位特点自行制定。安全风险指数采用字母与数字组合或单纯的数值来表示都是可接受的。

7.5　风险控制

民航生产经营单位应依据危险源识别和安全风险评价分级结果,按"分级管控"原则建立健全风险管控工作机制。

(1)对于重大危险源和重大风险,由主要负责人组织相关部门制定风险控制措施及专项应急预案;

(2)对于其他缓解后可接受风险,由安全管理部门负责组织相关部门制定风险控制措施;

(3)对于可接受风险,仍认为需要进一步提高安全性的,可由相关部门自行制定措施,但要避免层层加码。

对于涉及组织机构、政策程序调整等需要较长时间的风险管控措施,民航生产经营单位应当采取临时性安全措施将安全风险控制在可接受范围,且上述类型的风险控制措施制定后,应当重新回到系统描述,按需开展变更管理,并分析和评价剩余风险可接受后,方可转入系统运行环节。

7.6　安全风险分级管控台账

民航生产经营单位应当利用信息化技术对风险分级管控工作进行动态监控,建立台账,至少如实记录危险源名称、危险源所在部门、是否是重大危险源、危险源可能导致的后果、现有风险控制措施、风险分级评价、计划风险控制措施、风险控制措施落实效果等安全风险分级管控情况。

8. 安全隐患排查治理

8.1　总体要求

民航生产经营单位应当建立健全并落实本单位的安全隐患排查治理制度,该制度包括对安全隐患排查治理的职责分工、安全隐患排查、重大安全隐患治理、一般安全隐患治理和安全隐患排查治理台账等管理要求。

要通过立整立改或制定等效措施等方法,确保可能导致风险失控的安全隐患"动态清零"，即：针对排查发现的安全隐患应当立即采取措施予以消除；或对于无法立即消除的安全隐患制定临时性等效措施管控由于受该安全隐患影响而可能失控的风险，并制定整改措施、确定整改期限且在整改完成前定期评估临时性等效措施的有效性。

8.2　安全隐患排查

民航生产经营单位应当根据自身特点，采取但不限于安全信息报告、法定自查、安全审计、SMS审核以及配合行政检查等各种方式进行安全隐患排查，如发现重大安全隐患重大安全隐息，应按照8.3的要求进行治理；；如发现一般安全隐患，应当按照8.4的要求进行治理；排查中如发现潜在的危险源，应回溯到"7.2系统描述"进行定位和梳理，适时启动安全风险分级管控流程识别危险源并管控相关风险；如评估发现的问题不属于上述任何一类，可选择是否改进后，回到系统运行环节。

8.3　重大安全隐患治理

对于重大安全隐患，民航生产经营单位应当至少：

（1）及时停止使用相关设施、设备，局部或者全部停产停业，并立即报告所在地监管局，抄报所在地地区管理局。

（2）回溯到"7.2系统描述"环节进行梳理，按照"7.安全风险分级管控"要求启动安全风险管理，制定治理方案。

（3）组织制定并实施治理方案，落实责任、措施、资金、时限和应急预案，消除重大安全隐患。

（4）被责令局部或者全部停产停业的民航生产经营单位，完成重大安全隐患治理后，应当组织本单位技术人员和专家，或委托具有相应资质的安全评估机构对重大安全隐患治理情况进行评估；确认治理后符合安全生产条件，向所在地监管局提出书面申请（包括治理方案、执行情况和评估报告），经审查同意后方可恢复生产经营。

8.4　一般安全隐患治理

（1）对于排查出来风险控制措施失效或弱化产生的一般安全隐患，治理过程中应当回溯到"7.5风险控制"环节对风险控制措施进行审查和调整；对于涉及组织机构、政策程序调整等需要较长时间的风险管控措施，民航生产经营单位应当采取临时性安全措施将安全风险控制在可接受范围，且上述类型的风险控制措施制定后，应当重新回到"7.2 系统描述"，按需开展变更管理并分析和评价剩余风险可接受后，方可转入系统运行环节。

（2）对于暂未关联到已有风险管控措施、因违规违章等情况被确定的安全隐患，如涉及重复性违规违章行为，回到本规定"7.2 系统描述"环节进行梳理，并按需启动安全风险管理；如不属于重复性违规违章，可立即整改并关闭。

8.5　安全隐患排查治理台账

民航生产经营单位应当：

（1）建立安全隐患安全隐惠排查治理台账，如实记录安全隐患名称、类别、原因分析（如适用）、关联的风险控制措施、可能关联的后果（如适用）、整改措施、治理效果验证情况等安全隐患排查治理情况。已经完成整改闭环的安全隐患可标记关闭，不再统计在本单位安全隐患总数内，但安全管理的数据库，以及判定重复性、顽固性安全隐患的比对资料，应当长期保存，不得随意篡改或删除。

（2）对重大安全隐患重大安全隐惠除填入安全隐患清单外，还应建立专门的信息档案，包括重大安全隐患的治理方案、复查验收报告以及报送情况等各种记录和文件。

（3）通过职工大会或者职工代表大会、信息公示栏等方式向从业人员通报安全隐患排查治理情况。

[1]　张子东，刘晓东，路晶，等. 基于数字孪生的机场双重预防信息系统设计[J]. 航空计算技术，2024（2）.

[2]　张孟华. 国有企业安全与党建工作融合探讨[J]. 百科论坛，2019（12）.

[3]　王家麟. 基于安全管理体系 SMS 的民航双重预防机制构建研究——以银川机场为例[J]. 企业改革与管理，2021（18）.

[4]　张兴梅，张雪涛. 新形势下推进党建与安全生产融合发展的途径探索[J]. 办公室业务，2023（13）.

[5]　胡月亭. 安全风险预防与控制[M]. 北京：团结出版社，2017.

[6]　罗云，樊运晓，马晓春. 风险分析与安全评价[M]. 北京：化学工业出版社，2004.

[7]　马晨阳. 老矿井一级安全生产标准化管理体系建设研究[D]. 廊坊：华北科技学院，2021.

[8]　吴星. 基于事故致因机制的安全生产标准化管理研究——以桥隧施工安全为例[D]. 武汉：中南财经政法大学，2022.

[9]　钟科. 民航安全管理[M]. 北京：清华大学出版社，2017.

[10]　姜威,刘军鄂. 安全生产监察实务[M]. 北京:化学工业出版社,2016.

[11]　（荷）西德尼·德克尔. 安全科学基础：认识故事和灾难的世纪[M]. 孙佳，等，译. 北京：中国工人出版社，2021.

[12]　朱锴，张骥. 安全科技概论[M]. 北京：中国劳动社会保障出版社，
　　　　2011.

[13]　景国勋,杨玉中. 安全管理学[M]. 北京:中国劳动社会保障出版社，
　　　　2012.

[14]　王永刚，刘惠春. 民航安全管理体系与双重预防机制对比研究[J].
　　　　综合运输，2023，45（9）.